Cómo convertir TikTok en una máquina de hacer dinero

While every precaution has been taken in the preparation of this book, the publisher assumes no responsibility for errors or omissions, or for damages resulting from the use of the information contained herein.

CÓMO CONVERTIR TIKTOK EN UNA MÁQUINA DE HACER DINERO

First edition. November 2, 2023.

Copyright © 2023 Gonzalo Estrada.

ISBN: 979-8224375370

Written by Gonzalo Estrada.

Tabla de Contenido

Contenido

GONZALO ESTRADA

Capítulo 17: Conclusiones y recomendaciones finales

Capítulo 1: Introducción al potencial de TikTok como plataforma de negocio

Descubre por qué TikTok se ha convertido en un fenómeno mundial y cómo puede beneficiar a los emprendedores en la era digital.

En la actualidad, TikTok se ha posicionado como una de las redes sociales más populares y de mayor crecimiento en el mundo. Desde su lanzamiento en 2016, ha capturado la atención de millones de usuarios, convirtiéndose en una plataforma innovadora y llena de oportunidades de negocio para emprendedores de todas partes.

¿Pero qué hace a TikTok tan especial y por qué representa un potencial tan interesante para los emprendedores en la era digital? La respuesta está en su capacidad para captar la atención de las personas y generar una conexión única con los usuarios.

TikTok permite a los usuarios crear y compartir videos de corta duración, generalmente entre 15 y 60 segundos, en los que pueden expresarse de manera creativa y auténtica. Esta combinación de creatividad y autenticidad ha sido clave para su éxito, ya que ofrece a los usuarios una forma única de comunicarse y conectar con otros a través de contenido visual entretenido y compartible.

Además, TikTok cuenta con un algoritmo de recomendación inteligente que muestra a los usuarios contenido relacionado con sus intereses y preferencias. Esto significa que cada vez que un usuario interactúa con un video, el algoritmo analiza sus acciones y le muestra contenido similar que puede resultarle interesante. Esto crea una experiencia altamente personalizada para cada usuario, lo que ha llevado a un mayor compromiso y tiempo de permanencia en la plataforma.

Si eres un emprendedor en busca de nuevas formas de promocionar tu negocio o producto, TikTok ofrece una oportunidad única para llegar a audiencias masivas de manera orgánica. La plataforma se ha convertido en un trampolín para la viralidad, permitiendo que videos se compartan rápidamente y se vuelvan populares a nivel global en cuestión de horas. Este potencial de viralidad ha llevado a que muchos emprendedores aprovechen TikTok como una estrategia de marketing innovadora y efectiva.

Además de su capacidad para llegar a audiencias masivas, la naturaleza creativa de TikTok también brinda a los emprendedores la oportunidad de mostrar su marca, producto o servicio de una forma auténtica y atractiva. En lugar de depender únicamente de anuncios tradicionales, TikTok permite que los emprendedores cuenten historias a través de videos entretenidos y creativos, generando una conexión real con los usuarios.

Sin embargo, aprovechar el potencial de TikTok como plataforma de negocio requiere de una comprensión profunda de la plataforma y de su audiencia. No basta con subir cualquier video y esperar resultados. Es necesario conocer los gustos, intereses y tendencias de los usuarios de TikTok para crear contenido relevante y atractivo.

En el próximo capítulo, exploraremos en detalle cómo los emprendedores pueden utilizar TikTok para impulsar sus negocios y generar ingresos en la era digital. Descubriremos estrategias efectivas, consejos prácticos y casos de éxito de emprendedores que han logrado convertir TikTok en una máquina de hacer dinero.

Entonces, prepárate para sumergirte en el mundo de TikTok y descubrir el potencial que esta plataforma ofrece a los emprendedores. En la siguiente parte del capítulo, exploraremos estrategias específicas y pasos prácticos para aprovechar al máximo todas las oportunidades que TikTok tiene para ofrecer. ¡Continúa leyendo y prepárate para convertir TikTok en una herramienta poderosa para hacer crecer tu negocio en la era digital!

En esta segunda mitad del capítulo, nos sumergiremos aún más en el potencial de TikTok como plataforma de negocio y exploraremos estrategias específicas para que los emprendedores aprovechen al máximo todas las oportunidades que ofrece.

Una de las claves para tener éxito en TikTok es comprender y mantenerse al tanto de las tendencias actuales. Esta plataforma está en constante evolución y los videos virales pueden cambiar rápidamente. Por lo tanto, es fundamental seguir de cerca las tendencias y adaptarse a ellas para captar la atención de los usuarios.

Una estrategia efectiva en TikTok es participar en desafíos y hashtags populares. Estos desafíos son tendencias que invitan a los usuarios a recrear o inventar algo en particular, y utilizar hashtags relevantes para aumentar la visibilidad del contenido. Al unirse a estos desafíos, los emprendedores pueden generar interés en su marca y productos, creando contenido auténtico y creativo que se destaque entre la multitud.

Además de participar en desafíos, otra forma de utilizar TikTok como plataforma de negocio es colaborar con otros creadores de contenido relevantes. Al asociarte con influencers o usuarios populares en tu industria, puedes aprovechar su base de seguidores para aumentar tu alcance y reconocimiento de marca. Estas colaboraciones pueden incluir desde la realización de videos conjuntos hasta menciones o promociones cruzadas.

Es importante recordar que TikTok es una plataforma de entretenimiento, por lo que es fundamental crear contenido que sea divertido, entretenido y atractivo para los usuarios. Los emprendedores pueden utilizar su creatividad para presentar su marca y productos de una manera única y memorable. Puedes considerar la posibilidad de contar historias relevantes, mostrar el proceso de fabricación de tus productos o compartir consejos y trucos relacionados con tu industria. Recuerda siempre adaptar tu contenido al estilo y formato de TikTok, aprovechando los efectos de edición y filtros para hacer que tus videos sean llamativos y atractivos visualmente.

Además de la creación de contenido, también es importante ser activo en la plataforma, interactuando con otros usuarios y respondiendo a los comentarios y menciones. Esto no solo te ayudará a construir relaciones con tu audiencia, sino que también aumentará la visibilidad de tu perfil y hará que más personas descubran tu contenido.

Otra estrategia efectiva es utilizar la publicidad paga en TikTok. La plataforma ofrece opciones de publicidad en formato de anuncios en la página de inicio, el feed de noticias y en los desafíos y hashtags patrocinados. Estas opciones publicitarias pueden ayudar a los emprendedores a llegar a audiencias más amplias y aumentar la visibilidad de su marca.

En resumen, TikTok se ha convertido en una plataforma de negocio con un potencial enorme para los emprendedores en la era digital. Su capacidad para generar una conexión única con los usuarios, llegar a audiencias masivas y ofrecer oportunidades de creatividad y entretenimiento hacen de TikTok un recurso valioso para promocionar y hacer crecer tu negocio.

Recuerda siempre mantenerte actualizado en las tendencias y adaptarte a ellas, participar en desafíos y colaborar con otros creadores de contenido relevantes. Utiliza tu creatividad para crear contenido auténtico y divertido, y no olvides interactuar con tu audiencia y utilizar las opciones de publicidad pagada cuando sea necesario.

Continúa explorando y experimentando con TikTok, y prepárate para convertirlo en una herramienta poderosa que te ayudará a hacer crecer tu negocio en la era digital. ¡El potencial de TikTok está en tus manos, así que no dudes en aprovecharlo al máximo!

Capítulo 2: Comprendiendo el algoritmo de TikTok

Profundiza en el algoritmo de TikTok y aprende a utilizarlo a tu favor para aumentar la visibilidad y el alcance de tus contenidos.

Algo que a menudo se pasa por alto cuando se habla de éxito en TikTok es la comprensión del algoritmo que impulsa esta plataforma. Para convertir TikTok en una máquina de hacer dinero, debemos entender cómo funciona su algoritmo y cómo podemos utilizarlo a nuestro favor para lograr que nuestros contenidos alcancen la mayor visibilidad posible.

El algoritmo de TikTok se centra en ofrecer a los usuarios un contenido personalizado y relevante, basado en sus preferencias y comportamientos. A través de su feed de "Para ti", TikTok utiliza algoritmos de aprendizaje automático para identificar y mostrar contenido que considera que el usuario encontrará interesante.

Pero, ¿cómo lograr que nuestro contenido se muestre en el feed de "Para ti" de tantos usuarios como sea posible? Aquí hay algunas estrategias clave que puedes aprovechar:

1. Tendencias populares: TikTok es conocido por sus desafíos y tendencias virales. Estos desafíos a menudo se destacan en la página de inicio y generan una gran cantidad de participación. Aprovecha estas tendencias populares y encuentra una manera única de relacionarlas con tu contenido. Al unirte a estos desafíos o utilizar las canciones y efectos de moda, aumentarás tus posibilidades de aparecer en el feed de "Para ti".

2. Calidad y autenticidad: Aunque las tendencias son importantes, no debemos comprometer la calidad de nuestro contenido. TikTok

valora la autenticidad y la creatividad genuina. Asegúrate de crear videos de alta calidad, con una buena iluminación y un sonido claro. Además, no tengas miedo de ser tú mismo y mostrar tu personalidad única. Esto ayudará a atraer y retener a los espectadores.

3. Optimización de hashtags: Los hashtags desempeñan un papel crucial en la visibilidad de tu contenido. Investiga qué hashtags son populares en tu nicho y utilízalos estratégicamente en tus videos. Evita utilizar demasiados hashtags irrelevantes, ya que esto podría afectar negativamente la clasificación de tu contenido. En lugar de ello, utiliza hashtags específicos y relevantes para que tu contenido sea fácilmente descubierto por los usuarios interesados en tu campo.

4. Interacción y participación: El algoritmo de TikTok también tiene en cuenta la interacción de los usuarios. Responde a los comentarios de tus seguidores y mantente activo en la plataforma. Además, participa activamente en la comunidad de TikTok dando "me gusta", compartiendo y siguiendo a otros usuarios. Al interactuar con otros creadores y seguidores, aumentarás tu visibilidad y atraerás a más personas a tu perfil.

5. Análisis de datos: Utiliza las herramientas de análisis de TikTok para comprender mejor el rendimiento de tus videos. Estas herramientas te brindan información sobre el alcance, las impresiones, las acciones y la participación de tu contenido. Al estudiar estos datos, podrás identificar qué tipo de contenido funciona mejor y ajustar tu estrategia en consecuencia.

Estas son solo algunas estrategias fundamentales que puedes utilizar para entender y aprovechar el algoritmo de TikTok a tu favor. Recuerda que cada creador tiene su propia experiencia única en la plataforma, por lo que es importante experimentar y adaptar estas estrategias según tus propias necesidades y objetivos.

No obstante, solo hemos abordado la mitad de este fascinante tema. En la segunda parte de este capítulo, exploraremos aún más el algoritmo de TikTok y te proporcionaremos estrategias avanzadas para aumentar aún más la visibilidad y el alcance de tus contenidos. Prepárate para descubrir los secretos detrás del algoritmo de TikTok y cómo puedes utilizarlo para convertirte en un verdadero maestro del éxito en esta plataforma. ¡No te pierdas la segunda parte de este emocionante capítulo! En la primera mitad de este capítulo, exploramos algunas estrategias clave para comprender y utilizar el algoritmo de TikTok a nuestro favor. Ahora, continuaremos profundizando en este fascinante tema y te proporcionaremos estrategias avanzadas para aumentar aún más la visibilidad y el alcance de tus contenidos en esta popular plataforma.

6. Publica contenido con regularidad: Para mantener una presencia activa en TikTok y mantener el interés de tu audiencia, es importante publicar contenido de manera regular. Los algoritmos de TikTok favorecen a los creadores que son consistentes y brindan nuevas y emocionantes publicaciones. Establece un horario de publicación que funcione para ti y asegúrate de cumplirlo. Esto ayudará a construir una base de seguidores leales y a asegurar que tus videos aparezcan con frecuencia en el feed de "Para ti".

7. Experimenta con diferentes formatos de contenido: TikTok ofrece una amplia gama de formatos de contenido, desde videos divertidos hasta tutoriales, retos y más. No tengas miedo de experimentar con diferentes estilos y ver qué funciona mejor para tu audiencia. Al diversificar tus publicaciones, podrás atraer a un público más amplio y aumentar tu visibilidad en la plataforma.

8. Colabora con otros creadores: Las colaboraciones con otros creadores de TikTok pueden ser una excelente manera de expandir tu alcance y aumentar tu visibilidad. Busca a otros usuarios con intereses similares y propón colaboraciones creativas. Al trabajar juntos, podrán atraer a una audiencia combinada y aprovechar los seguidores mutuos. Además, las colaboraciones también pueden ayudarte a aprender nuevas técnicas y enfoques para mejorar tu contenido.

9. Crea contenido interactivo: TikTok es conocido por su enfoque en la interacción y la participación de los usuarios. Aprovecha esto y

crea contenido interactivo que anime a tus seguidores a participar y compartir. Puedes hacer preguntas, desafiar a tus seguidores a realizar acciones y pedirles que comenten y compartan sus pensamientos. Al fomentar la participación activa, aumentarás la visibilidad de tus videos y atraerás a más personas a tu perfil.

10. Utiliza las herramientas de edición y efectos especiales: TikTok ofrece una amplia gama de herramientas de edición y efectos especiales que puedes utilizar para mejorar la calidad visual de tus videos. Experimenta con diferentes efectos, filtros y transiciones para hacer que tus videos sean más atractivos y captar la atención de los espectadores. Recuerda que la calidad visual es clave para destacar en el feed de "Para ti".

11. Mantente al tanto de las tendencias actuales: Las tendencias en TikTok cambian constantemente, por lo que es importante mantenerse actualizado y aprovechar las tendencias más populares del momento. Mantén un ojo en la página de inicio y en los desafíos virales para identificar las tendencias más relevantes para tu nicho. Al unirte a estas tendencias, podrás aprovechar el impulso y aumentar la visibilidad de tus contenidos.

12. Analiza el comportamiento de tu audiencia: Utiliza las herramientas de análisis de TikTok para obtener información sobre el comportamiento de tu audiencia. Estas herramientas te brindarán datos sobre la demografía de tus seguidores, los momentos en que están más activos en la plataforma y las publicaciones que generan mayor interacción. Al comprender mejor a tu audiencia, podrás ajustar tu estrategia y crear contenido más relevante y atractivo.

Al implementar estas estrategias avanzadas, podrás aprovechar al máximo el algoritmo de TikTok y aumentar significativamente la visibilidad y el alcance de tus contenidos. Recuerda que cada creador tiene su propio enfoque único en la plataforma, por lo que es importante experimentar y adaptar estas estrategias según tus propias necesidades y objetivos. ¡Prepárate para convertir TikTok en una máquina de hacer dinero y alcanzar el éxito como emprendedor en esta plataforma emocionante!

Capítulo 3: Definición de tu estrategia de contenido

El éxito en TikTok no solo se basa en la creación de contenido aleatorio, sino en el desarrollo de una estrategia de contenido efectiva que atraiga seguidores y los convierta en clientes. En este capítulo, aprenderás a identificar tu nicho de mercado y cómo desarrollar una estrategia de contenido que te permita aprovechar al máximo esta plataforma para generar ingresos significativos.

Para comenzar, es crucial que identifiques tu nicho de mercado. Un nicho de mercado es una porción específica del mercado que tiene necesidades y características particulares. Para encontrar tu nicho en TikTok, debes analizar tus habilidades, intereses y conocimientos. ¿En qué áreas destacas? ¿Qué te apasiona? ¿En qué campos tienes experiencia o conocimiento especializado? Al responder estas preguntas, podrás encontrar un enfoque único y valioso para tu contenido.

Una vez que hayas identificado tu nicho de mercado, es hora de desarrollar una estrategia de contenido efectiva. La estrategia de contenido es el plan que guiará tus publicaciones y te ayudará a alcanzar tus metas en TikTok. Aquí hay algunos pasos clave para desarrollar una estrategia efectiva:

1. Establece tus objetivos: Antes de comenzar a crear contenido, debes tener claro qué es lo que deseas lograr en TikTok. ¿Deseas promocionar tu negocio, generar ventas directas o aumentar el reconocimiento de tu marca? Definir tus objetivos te permitirá enfocar tus esfuerzos en la dirección correcta.

2. Conoce a tu audiencia: Entender a quién te diriges es fundamental para crear contenido relevante y atractivo. Investiga a tu audiencia objetivo, analiza sus intereses, necesidades y preferencias. Cuanto más conozcas a tu audiencia, mejor podrás adaptar tu contenido para captar su atención y generar una conexión sólida.

3. Crea contenido de valor: El contenido de alta calidad y relevante es la clave para atraer seguidores y convertirlos en clientes. Aprovecha tu conocimiento y experiencia para proporcionar información útil, entretenimiento o soluciones a los problemas de tu audiencia. Recuerda que en TikTok, el tiempo es limitado, así que asegúrate de que tu contenido sea conciso, impactante y memorable.

4. Mantén una estrategia coherente: La consistencia es esencial en TikTok. Publica regularmente para mantener a tu audiencia comprometida y atraer nuevos seguidores. Establece un calendario de publicaciones y mantén una línea editorial coherente en términos de tono, estilo y temas. Además, interactúa con tu audiencia respondiendo a comentarios y mensajes para crear una relación sólida.

A medida que desarrolles tu estrategia de contenido en TikTok, es importante que sigas evaluando y ajustando tus tácticas. Analiza las métricas de tus publicaciones para identificar qué tipo de contenido funciona mejor y aprovecha al máximo estas oportunidades para aumentar el alcance y la interacción.

En la segunda mitad de este capítulo, profundizaremos en cómo optimizar tu contenido y utilizar las herramientas de TikTok para maximizar tus resultados. ¡No te pierdas la próxima entrega donde descubrirás secretos y consejos que te ayudarán a convertir TikTok en una máquina de hacer dinero!

(Suspense)En la segunda mitad de este capítulo, profundizaremos en cómo optimizar tu contenido y utilizar las herramientas de TikTok para maximizar tus resultados. Siguiendo estos pasos clave, podrás llevar tu estrategia de contenido al siguiente nivel y convertir TikTok en una máquina de hacer dinero.

5. Optimiza tu contenido: Una vez que hayas identificado tu nicho de mercado y definido tus objetivos, es crucial optimizar tu contenido para aumentar su visibilidad y alcance. Utiliza hashtags relevantes y populares en tus publicaciones para que sean más fáciles de encontrar por los usuarios interesados en ese tema en particular. Además, aprovecha las tendencias y los desafíos virales para ganar visibilidad y atraer a nuevos seguidores. Mantente al día con las últimas tendencias y sé creativo al incorporarlas en tu contenido, siempre manteniendo tu estilo y enfoque único.

6. Utiliza las herramientas de TikTok: TikTok ofrece una variedad de herramientas y características que puedes aprovechar para mejorar tu contenido y llegar a más personas. Experimenta con efectos especiales, filtros y música para hacer tus videos más atractivos y entretenidos. Además, puedes utilizar las funciones de edición para cortar y ajustar tus videos, así como para agregar texto o subtítulos que complementen tu mensaje.

7. Interactúa con tu audiencia: Para construir una relación sólida con tus seguidores en TikTok, es esencial interactuar con ellos de manera regular. Responde a comentarios y mensajes, dales las gracias por su apoyo y brinda respuestas a sus preguntas. También puedes usar las funciones de TikTok como las transmisiones en vivo para interactuar directamente con tus seguidores, responder sus preguntas en tiempo real y compartir información adicional sobre tu contenido o negocio.

8. Colabora con otros creadores: Una excelente manera de ampliar tu alcance en TikTok es colaborar con otros creadores de contenido en tu nicho de mercado. Esto implica hacer duetos, participar en desafíos colaborativos y etiquetar a otros creadores en tus publicaciones. Al trabajar juntos, podrán compartir audiencias y atraer a nuevos seguidores interesados en el contenido de ambos. Además, las colaboraciones pueden brindarte la oportunidad de aprender de otros creadores y compartir conocimientos y experiencias.

9. Analiza y ajusta tus tácticas: A medida que implementes tu estrategia de contenido en TikTok, es importante analizar las métricas de tus publicaciones y ajustar tus tácticas según los resultados. Observa qué tipo de contenido tiene un mayor alcance, interacción y conversión. Esto te ayudará a identificar qué enfoques funcionan mejor con tu audiencia y a maximizar los resultados positivos.

Con estos consejos en mente, estás listo para crear una estrategia de contenido efectiva en TikTok que te permita alcanzar tus metas y convertir esta plataforma en una máquina de hacer dinero. Recuerda que el éxito en TikTok no sucede de la noche a la mañana, requiere tiempo, esfuerzo y constancia. Sigue aprendiendo, experimentando y adaptándote a medida que evoluciona esta plataforma para aprovechar al máximo todas las oportunidades que te ofrece.

¡Ahora es tu turno de poner en práctica estos consejos y empezar a convertir TikTok en una fuente de ingresos significativos! No te pierdas las próximas entregas donde te revelaré más secretos y estrategias para tener éxito en TikTok. ¡Buena suerte en tu viaje emprendedor en esta plataforma de creación de contenido!

Capítulo 4: Creación de contenido viral

Descubre los elementos clave para crear contenido que se vuelva viral en TikTok y cómo aprovecharlo para aumentar tus oportunidades de negocio.

En el mundo digital actual, TikTok se ha convertido en una plataforma que ofrece inmensas oportunidades para los emprendedores que desean expandir su alcance y generar ingresos significativos. Con su capacidad única para crear tendencias y fomentar la viralidad, TikTok se ha convertido en una verdadera máquina de hacer dinero.

Pero, ¿cómo se puede lograr que tu contenido se vuelva viral en TikTok? ¿Cuáles son los elementos clave que debes tener en cuenta para llevar tus videos al siguiente nivel y aprovechar al máximo esta plataforma? En este capítulo, exploraremos estas preguntas mientras te guiamos a través de estrategias efectivas para la creación de contenido viral en TikTok.

El primer elemento fundamental para crear contenido viral en TikTok es la autenticidad. Los usuarios de esta plataforma valoran la originalidad y la autenticidad por encima de todo. No tengas miedo de mostrar tu personalidad única y dejar que brille a través de tus videos. Sé tú mismo y abraza tu singularidad. Recuerda, la gente viene a TikTok en busca de entretenimiento genuino y contenido auténtico.

Otro aspecto crucial para crear contenido viral en TikTok es la creatividad. La plataforma fomenta la creatividad y la innovación, por lo que es importante pensar fuera de lo común y encontrar maneras únicas de presentar tus ideas. Experimenta con diferentes formatos de video, efectos especiales y estilos de edición para destacarte entre la multitud y captar la atención de los usuarios.

Asimismo, es esencial entender y aprovechar las tendencias actuales en TikTok. La plataforma está en constante evolución y se rige por las modas y los desafíos virales que van surgiendo. Mantente al tanto de las últimas tendencias y adapta tu contenido para que se ajuste a ellas. Participa en desafíos populares y utiliza hashtags relevantes para aumentar la visibilidad de tus videos.

Adicionalmente, presta atención a la duración de tus videos. TikTok es conocido por sus videos cortos, por lo que es necesario captar la atención de los espectadores en los primeros segundos. Asegúrate de hacer un inicio impactante y emocionante que enganche a la audiencia desde el primer momento. También es recomendable mantener tus videos concisos y directos, evitando que se vuelvan tediosos o aburridos.

Otro factor clave para generar contenido viral en TikTok es la interacción con tu audiencia. Fomenta la participación y la colaboración mediante preguntas, desafíos o comentarios que inviten a tus seguidores a interactuar contigo. Responde a sus comentarios y mensajes para crear una conexión más profunda y establecer una relación de confianza en la comunidad de TikTok.

A medida que comiences a desarrollar tus habilidades para crear contenido viral en TikTok, no olvides la importancia de la consistencia. Publicar regularmente es fundamental para mantener el interés y la atención de tus seguidores. Establece un calendario de publicación y mantén una presencia constante en la plataforma. Recuerda que la consistencia en la calidad y el estilo de tus videos también es crucial para construir tu marca personal en TikTok.

En resumen, la creación de contenido viral en TikTok requiere autenticidad, creatividad, seguimiento de tendencias, videos impactantes, interacción con la audiencia y consistencia en la publicación. Estos elementos clave te permitirán aumentar tus oportunidades de negocio y aprovechar al máximo el potencial de TikTok como una verdadera máquina de hacer dinero.

¡El próximo capítulo llevará tus estrategias para crear contenido viral en TikTok al siguiente nivel! Descubre cómo optimizar la promoción de tu contenido, maximizar la participación de los usuarios y convertir tu presencia en TikTok en oportunidades reales de ingresos. Estás a solo un paso de convertir TikTok en una máquina de hacer dinero. Una vez que has dominado los elementos clave para crear contenido viral en TikTok, es hora de llevar tu estrategia al siguiente nivel y optimizar la promoción de tu contenido para maximizar la participación de los usuarios y convertir tu presencia en TikTok en oportunidades reales de ingresos.

Una de las formas más efectivas de promover tu contenido y aumentar su visibilidad en TikTok es a través del uso de hashtags relevantes. Los hashtags son palabras o frases clave que agrupan contenido similar y facilitan la búsqueda de videos relacionados. Al agregar hashtags populares y relevantes a tus videos, aumentarás su alcance y posibilidades de aparecer en la sección de descubrimiento de la plataforma. Investiga y utiliza hashtags que estén de moda y se relacionen con tu contenido para llegar a una audiencia más amplia y captar su atención.

Otro aspecto clave para optimizar la promoción de tu contenido en TikTok es aprovechar las características y herramientas que ofrece la plataforma. Por ejemplo, puedes utilizar los efectos especiales y los filtros disponibles para agregar un toque único y creativo a tus videos. Asimismo, puedes explorar las opciones de edición y diseño que TikTok tiene para ofrecer, como agregar texto, música y gráficos animados. Estas características adicionales pueden hacer que tus videos destaquen y llamen la atención de los usuarios.

Además, considera la posibilidad de colaborar con otros creadores de contenido en TikTok. Al asociarte con otros usuarios influyentes en tu nicho, puedes aumentar la visibilidad de tu contenido y llegar a una audiencia más amplia. Puedes hacerlo a través de desafíos colaborativos, duetos o simplemente mencionando y etiquetando a otros creadores en tus videos. La colaboración no solo te ayuda a expandir tu alcance, sino que también te permite aprovechar el talento y la creatividad de otros para enriquecer tu contenido.

Mientras promueves tu contenido en TikTok, es importante no perder de vista la importancia de la interacción con tu audiencia. Responde a los comentarios y mensajes que recibas, agradece a tus seguidores por su apoyo y mantén una comunicación activa con ellos. Esto muestra tu compromiso con tu comunidad y genera una sensación de cercanía y confianza. Además, aprovecha las oportunidades para hacer preguntas, realizar encuestas o desafiar a tus seguidores a participar en tus videos. La interacción constante y significativa con tu audiencia fortalecerá tu presencia en TikTok y te permitirá construir relaciones sólidas con tus seguidores.

Por último, no subestimes el poder del análisis de datos y la adaptación. TikTok ofrece herramientas de análisis y estadísticas que te permiten conocer en detalle el rendimiento de tus videos y el comportamiento de tu audiencia. Utiliza esta información para identificar qué tipo de contenido funciona mejor, qué tendencias están en auge y qué estrategias de promoción te dan los mejores resultados. A partir de estos datos, ajusta y mejora tu estrategia de contenido para maximizar su impacto y asegurarte de que estás siguiendo el rumbo correcto en tu camino hacia convertir TikTok en una máquina de hacer dinero.

En resumen, para optimizar la promoción de tu contenido en TikTok y convertirlo en oportunidades reales de ingresos, asegúrate de utilizar hashtags relevantes, aprovechar las características y herramientas de la plataforma, colaborar con otros creadores de contenido, interactuar con tu audiencia de manera significativa y utilizar el análisis de datos para mejorar constantemente tu estrategia. Estos son los pasos finales para convertir TikTok en una verdadera máquina de hacer dinero y aprovechar al máximo las oportunidades que esta plataforma tiene para ofrecer a los emprendedores que están dispuestos a darlo todo en la creación de contenido viral.

Capítulo 5: Fortaleciendo tu marca personal en TikTok

Aprende a construir y potenciar tu marca personal en TikTok, creando una imagen sólida y auténtica que atraiga a tu audiencia objetivo.

Ya hemos explorado cómo utilizar TikTok para aumentar tus ingresos y monetizar tu contenido. Sin embargo, para tener éxito en esta plataforma, es esencial que fortalezcas tu marca personal. Tu marca es lo que te distingue de los demás, es tu identidad en línea y es lo que atraerá a tu audiencia objetivo.

En este capítulo, te enseñaré cómo construir y potenciar tu marca personal en TikTok. Hablaremos sobre la importancia de tener una imagen sólida y auténtica que conecte con tu audiencia. Además, exploraremos las estrategias clave que te ayudarán a destacarte entre la multitud y atraer más seguidores.

Para comenzar, es fundamental definir qué es lo que quieres transmitir con tu marca personal. ¿Cuál es tu mensaje principal? ¿Qué valores quieres reflejar? Estas son preguntas importantes que debes responder antes de empezar a crear contenido en TikTok. Tu marca personal debe ser coherente y cohesiva, de modo que tu audiencia pueda identificarte fácilmente.

Una vez que hayas definido la esencia de tu marca personal, es hora de crear una imagen sólida en TikTok. Esto implica cuidar todos los aspectos visuales de tu perfil, desde tu foto de perfil hasta la edición de tus videos. Recuerda que en TikTok, el contenido visual es primordial, por lo que debes esforzarte en crear videos atractivos, bien editados y que sigan una línea coherente con tu marca.

No subestimes el poder de una biografía bien escrita. Utiliza este espacio para transmitir tu propósito y tus valores de manera breve y concisa. Debes captar la atención de tu audiencia y despertar su interés en seguirte. Recuerda que solo tienes unos pocos segundos para causar una buena impresión, ¡así que aprovecha al máximo ese espacio!

Además del contenido visual, también es importante que cuides tu lenguaje y tu tono en TikTok. Si tu audiencia es emprendedora, debes considerar utilizar un tono autoritario y seguro. No temas compartir tus conocimientos y consejos con confianza, esto te ayudará a ser percibido como un referente dentro de tu nicho. La consistencia en el tono y lenguaje que utilizas en tus videos también es esencial para reforzar tu marca personal.

Recuerda que para fortalecer tu marca personal, debes ser auténtico y transparente. No te escondas detrás de una máscara, muestra tu personalidad y comparte tu historia de manera genuina. Tu audiencia apreciará la sinceridad y se sentirá más conectada contigo.

En el próximo capítulo, profundizaremos en estrategias específicas para hacer crecer tu marca personal en TikTok y atraer aún más seguidores. Pero antes, quiero dejarte con esta reflexión: construir una marca personal sólida en TikTok requiere tiempo, dedicación y autenticidad. No te desanimes si los resultados no llegan de inmediato. Recuerda que cada video es una oportunidad para aprender y mejorar.

¿Estás listo para potenciar tu marca personal en TikTok? ¡Sigue leyendo en el próximo capítulo para descubrir estrategias avanzadas y herramientas que te ayudarán a alcanzar el éxito en esta plataforma!

Ahora que has definido la esencia de tu marca personal y has creado una imagen sólida en TikTok, es momento de hablar sobre las estrategias clave que te ayudarán a destacarte entre la multitud y atraer más seguidores. Aquí te presento algunas recomendaciones para potenciar tu marca personal y alcanzar el éxito en esta plataforma:

1. Contenido valioso: Para fortalecer tu marca personal en TikTok, es fundamental proporcionar contenido valioso y relevante para tu audiencia. Investiga y conoce bien a tu público objetivo, comprende lo que les interesa y bríndales información que les sea útil. Puedes compartir consejos, tutoriales o experiencias personales que inspiren y motiven a tu audiencia.

2. Coherencia temática: Mantén una coherencia temática en tus videos para que tu audiencia sepa qué esperar de ti. Esto no significa que debas limitarte a un solo tema, pero sí que tus contenidos estén relacionados de alguna manera. Por ejemplo, si te dedicas al mundo del fitness, puedes compartir rutinas de ejercicios, recetas saludables o tips de bienestar.

3. Interacción con tu audiencia: No olvides la importancia de interactuar con tu audiencia en TikTok. Responde a sus comentarios, da like a sus videos y establece una conexión genuina con ellos. Si tu audiencia se siente valorada y escuchada, será más probable que te sigan y compartan tu contenido.

4. Colaboraciones con otros creadores: Las colaboraciones con otros creadores de TikTok pueden ser una excelente estrategia para fortalecer tu marca personal y llegar a una audiencia más amplia. Busca a otros influencers o creadores de contenido que tengan una temática similar a la tuya y propón colaboraciones que sean beneficiosas para ambos.

5. Utiliza hashtags relevantes: Los hashtags son una herramienta poderosa en TikTok para aumentar la visibilidad de tus videos. Utiliza hashtags relevantes relacionados con el contenido que compartes, esto te ayudará a llegar a usuarios interesados en tu temática y atraer nuevos seguidores.

6. Cuida los detalles técnicos: Además del contenido en sí, es importante que cuides los detalles técnicos de tus videos. Asegúrate de que la calidad de tus videos sea buena, utiliza música adecuada y presta atención a la edición. Un video bien producido y con una buena calidad visual tendrá más impacto en tu audiencia.

7. Analiza y mejora: No te olvides de analizar el desempeño de tus videos en TikTok. Observa cuáles son los que tienen mayor impacto, qué tipo de contenido resuena más con tu audiencia y qué estrategias funcionan mejor. Utiliza esta información para mejorar y optimizar tus futuros videos.

Recuerda que construir una marca personal sólida en TikTok requiere tiempo y dedicación. No te desanimes si los resultados no llegan de inmediato. Cada video es una oportunidad para aprender y mejorar. Mantén la constancia, la autenticidad y la pasión por lo que haces, y eventualmente verás crecer tu marca personal y aumentar tus seguidores en TikTok.

En el próximo capítulo, profundizaremos en estrategias avanzadas y herramientas que te ayudarán a hacer crecer tu marca personal en TikTok. No te pierdas las próximas recomendaciones y consejos para tener aún más éxito en esta plataforma. ¡Continúa leyendo para descubrir cómo convertir TikTok en una máquina de hacer dinero!

Capítulo 6: Monetización de tu cuenta de TikTok

Explora diferentes estrategias para monetizar tu cuenta de TikTok y generar ingresos pasivos a través de colaboraciones, promociones y venta de productos.

En la actualidad, TikTok se ha convertido en una plataforma de redes sociales popular y en auge, proporcionando a los emprendedores una nueva forma emocionante de ganar dinero. Gracias a su creciente base de usuarios y su capacidad para crear contenido viral, TikTok se ha convertido en una mina de oro para aquellos que desean monetizar su talento y creatividad.

Una de las formas más comunes de generar ingresos en TikTok es a través de la colaboración con marcas y empresas. Muchas compañías están buscando promocionar sus productos o servicios a través de influencers en las redes sociales, y TikTok no es una excepción. Si logras construir una audiencia sólida y comprometida, puedes aprovechar esta oportunidad para establecer colaboraciones pagadas con marcas relevantes para tu nicho.

La clave para obtener colaboraciones exitosas es crear contenido auténtico y relevante que resuene con tu audiencia y con los valores de la marca. Asegúrate de identificar tus fortalezas y destacar tu propuesta única de venta al acercarte a las marcas. Comparte datos sobre tu audiencia, incluidas las métricas de compromiso y seguidores, para demostrar la influencia que tienes en TikTok. De esta manera, podrás negociar tarifas justas y asegurar una relación comercial sólida con las marcas.

Otra estrategia efectiva para monetizar tu cuenta de TikTok es a través de promociones de productos. Esto implica promover y recomendar productos o servicios en tus videos a cambio de una comisión o una tarifa fija. Al igual que en las colaboraciones de marca, es vital que los productos que promociones sean relevantes para tu audiencia y estén alineados con tu contenido.

Antes de aceptar cualquier oferta de promoción, investiga y evalúa cuidadosamente los productos o servicios que se te ofrecen. Asegúrate de que sean de calidad y que no dañen tu reputación como creador de contenido. Recuerda que la confianza de tu audiencia es fundamental para mantener el éxito a largo plazo en TikTok.

Además de las colaboraciones y promociones, la venta de productos propios puede ser una excelente manera de generar ingresos pasivos en TikTok. Si tienes una pasión o un talento especial, considera la posibilidad de crear y vender productos relacionados en línea. Esto podría ser desde mercancía personalizada hasta cursos en línea o servicios exclusivos para tus seguidores.

Asegúrate de investigar las diferentes plataformas de venta en línea y elegir la que mejor se adapte a tus necesidades. Además, promociona tus productos en tus videos de TikTok, creando expectativa y demostrando el valor que pueden obtener tus seguidores al adquirirlos.

Recuerda que, independientemente de la estrategia que elijas, la consistencia y la autenticidad son esenciales para tener éxito en la monetización de tu cuenta de TikTok. Mantén una programación regular de publicaciones y continúa experimentando con diferentes enfoques de contenido para mantener a tu audiencia comprometida y atraer nuevas oportunidades de negocio.

No te pierdas la segunda parte de este capítulo, donde exploraremos otras estrategias innovadoras para monetizar tu cuenta de TikTok y maximizar tus ingresos pasivos. ¡Prepárate para descubrir cómo llevar tu cuenta de TikTok a un nivel completamente nuevo!

Una vez que hayas comenzado a monetizar tu cuenta de TikTok a través de colaboraciones y promociones, es importante explorar otras estrategias para maximizar tus ingresos pasivos. En esta segunda parte del capítulo, descubriremos algunas tácticas innovadoras que te ayudarán a generar aún más dinero en TikTok.

Una estrategia efectiva es la creación de contenido patrocinado. Además de las colaboraciones con marcas, puedes buscar oportunidades para crear contenido pagado en tu nicho específico. Esto podría incluir reseñas de productos, tutoriales o demostraciones de servicios. Al asociarte con marcas relevantes y crear contenido de alta calidad, puedes aumentar tus ingresos y fortalecer tu imagen como experto en tu campo.

Un enfoque interesante para generar ingresos adicionales en TikTok es la incorporación de publicidad en tus videos. A medida que tu audiencia crezca, puedes optar por unirte a programas de monetización que te permitan insertar anuncios en tus videos. Para aprovechar al máximo esta estrategia, asegúrate de mantener un equilibrio entre la publicidad y el contenido valioso para tu audiencia. Demuestra que estás ofreciendo un valor real, mientras generas ingresos a través de los anuncios.

Además de los anuncios, otra forma popular de generar ingresos en TikTok es a través de las donaciones de tus seguidores. Muchos creadores de contenido exitosos establecen cuentas de Patreon u ofrecen membresías exclusivas a sus seguidores, donde estos pueden realizar donaciones mensuales a cambio de contenido adicional y beneficios especiales. Esta estrategia puede ser especialmente efectiva si tienes una audiencia comprometida y leal.

Una opción adicional para monetizar tu cuenta de TikTok es a través de la venta de tus propias canciones o música. Si tienes talento para la música, considera la posibilidad de crear y lanzar tu propio material en plataformas de distribución de música en línea. Promociona tus canciones en tus videos de TikTok y anima a tu audiencia a apoyar tu trabajo comprándolas. Además, puedes explorar oportunidades para licenciar tu música a otros creadores de contenido o incluso a marcas que busquen agregar un toque único a sus campañas publicitarias.

No pases por alto el poder de las colaboraciones con otros creadores de contenido en TikTok. Al asociarte con otros influencers en tu nicho, puedes ampliar tu alcance y atraer nuevas audiencias. Explora oportunidades para colaborar en videos conjuntos, donde puedes combinar tus talentos y crear contenido atractivo para ambos seguidores. Esta estrategia no solo te brinda visibilidad adicional, sino que también puede conducir a futuras colaboraciones pagadas con marcas.

Finalmente, es importante recordar la importancia de diversificar tus fuentes de ingresos en TikTok. No te límites a una sola estrategia, sino que busca oportunidades en múltiples áreas. Esto te permitirá generar más ingresos y también protegerá tu flujo de caja en caso de que una fuente de ingresos se reduzca o desaparezca.

En resumen, la monetización de tu cuenta de TikTok puede ser una fuente emocionante y rentable de ingresos pasivos. Desde la colaboración con marcas hasta la creación de contenido patrocinado, la publicidad y las donaciones de tus seguidores, hay muchas formas de generar ingresos en esta plataforma. Continúa experimentando, creando contenido valioso y construyendo relaciones sólidas con marcas y otros creadores de contenido. ¡Aprovecha al máximo TikTok y lleva tu cuenta a un nivel completamente nuevo de éxito financiero!

Capítulo 7: Planificación de campañas publicitarias en TikTok

Descubre cómo diseñar y ejecutar campañas publicitarias efectivas en TikTok para impulsar tus productos o servicios y aumentar tus ganancias.

En el mundo actual de los negocios y el emprendimiento, es esencial aprovechar al máximo las plataformas de redes sociales para alcanzar a un público más amplio y generar mayor visibilidad. Una de estas plataformas que ha ganado una enorme popularidad en los últimos años es TikTok. Con millones de usuarios activos a nivel mundial, esta aplicación ofrece una excelente oportunidad para emprendedores como tú para promocionar sus productos o servicios y obtener un retorno de inversión significativo.

La planificación de una campaña publicitaria en TikTok requiere una estrategia bien definida y una comprensión profunda de la plataforma y su audiencia. Aquí te presentamos algunos pasos clave para que diseñes una campaña publicitaria efectiva que te ayude a alcanzar tus objetivos comerciales:

1. Define tus objetivos: Antes de iniciar cualquier campaña publicitaria, es fundamental tener claridad sobre tus metas específicas. ¿Quieres crear conciencia sobre tu marca, aumentar las ventas de un producto en particular o promocionar un evento próximo? Al establecer objetivos claros, podrás adaptar tu estrategia y medir el éxito de tu campaña.

2. Conoce a tu público objetivo: La base del éxito de cualquier campaña publicitaria es comprender a quién te diriges. Investiga a fondo

a tu audiencia objetivo en TikTok. Examina sus intereses, comportamientos y preferencias para crear contenido relevante y atractivo. Esto te ayudará a conectar de manera efectiva con ellos y aumentar su interacción y participación.

3. Crea contenido auténtico y entretenido: TikTok es una plataforma conocida por su enfoque en contenido creativo y entretenido. Para captar la atención de tu audiencia, es esencial crear contenido único y original. Utiliza los recursos disponibles en TikTok, como efectos especiales, música y tendencias populares, para hacer que tu contenido se destaque y sea compartido por los usuarios.

4. Diseña una estrategia de publicidad: TikTok ofrece varias opciones para promocionar tus productos o servicios. Puedes utilizar anuncios en el feed principal, desafíos o colaboraciones con creadores de contenido populares. Evalúa las diferentes opciones y selecciona la que mejor se adapte a tus objetivos y presupuesto. Recuerda que las campañas publicitarias exitosas en TikTok suelen ser auténticas, creativas y con un toque de humor.

5. Establece un presupuesto y mide los resultados: Como emprendedor, es esencial tener en cuenta tu presupuesto y asignar los recursos adecuados para tu campaña publicitaria en TikTok. Establece límites de gasto y realiza un seguimiento constante de los resultados para evaluar el retorno de inversión. Utiliza las herramientas analíticas proporcionadas por TikTok para obtener información sobre el rendimiento de tus anuncios y ajustar tu estrategia según sea necesario.

Diseñar y ejecutar campañas publicitarias efectivas en TikTok puede ser una manera poderosa de impulsar tus productos o servicios y aumentar tus ganancias. Sin embargo, recuerda que la clave del éxito radica en la planificación cuidadosa, la comprensión de tu audiencia y la creación de contenido creativo y auténtico. ¡Sigue estos pasos y prepárate para sorprender a tu público objetivo en TikTok!

Una vez hayas establecido tus objetivos, comprendido a tu audiencia y creado contenido atractivo en TikTok, es hora de adentrarte en la segunda mitad de la planificación de tu campaña publicitaria en esta plataforma. En esta sección, exploraremos cómo seleccionar las opciones de publicidad adecuadas, realizar un seguimiento de los resultados y optimizar tu estrategia para maximizar el éxito de tu campaña.

6. Selecciona las opciones de publicidad correctas: TikTok ofrece una variedad de opciones de publicidad para que puedas elegir la que mejor se adapte a tus objetivos de campaña y presupuesto. Algunas de las opciones más populares incluyen los anuncios en el feed principal, los desafíos y las colaboraciones con creadores de contenido destacados.

- Los anuncios en el feed principal son una forma efectiva de llegar a una audiencia amplia en TikTok. Puedes utilizar imágenes, vídeos cortos o incluso anuncios de realidad aumentada para captar la atención de los usuarios mientras navegan por el contenido.

- Los desafíos son una excelente manera de generar participación y crear una comunidad alrededor de tu marca. TikTok se ha destacado por sus desafíos virales, donde los usuarios pueden unirse para crear y compartir vídeos usando un hashtag específico. Considera crear un desafío único relacionado con tu marca para aumentar la visibilidad y generar interacción.

- Las colaboraciones con creadores de contenido populares te permiten aprovechar la base de seguidores de un influencer en TikTok para promocionar tus productos o servicios. Busca creadores que sean relevantes para tu público objetivo y que estén alineados con los valores de tu marca. Trabaja en conjunto para crear contenido auténtico y atractivo que resonará con su audiencia.

7. Realiza un seguimiento y mide los resultados: Una vez que tu campaña esté en marcha, es esencial realizar un seguimiento constante de los resultados para evaluar su rendimiento y hacer ajustes según sea necesario. Utiliza las herramientas analíticas proporcionadas por TikTok para obtener información sobre el alcance, las impresiones, el compromiso y otras métricas clave.

- Monitoriza el rendimiento de tus anuncios en el feed principal y los desafíos para entender cómo está funcionando tu campaña. Presta atención a las métricas de participación, como los comentarios, me gusta y compartidos, para evaluar la resonancia de tu contenido con la audiencia.

- Si estás colaborando con creadores de contenido, establece indicadores clave de rendimiento (KPI) para medir el éxito de la colaboración. Esto puede incluir el número de seguidores ganados, el alcance de los vídeos compartidos o las visitas a tu sitio web desde su contenido.

8. Optimiza tu estrategia: A medida que obtengas resultados y analices los datos, estarás en una posición mejor para optimizar tu estrategia publicitaria en TikTok. Realiza ajustes y mejoras para maximizar la eficacia de tu campaña y asegúrate de estar continuamente aprendiendo y adaptándote a medida que evoluciona la plataforma.

- Prueba diferentes tipos de contenido y formatos publicitarios para ver cuáles funcionan mejor con tu audiencia. Experimenta con diferentes mensajes, estilos creativos y duración del contenido para obtener una retroalimentación directa de los usuarios.

- Utiliza las opciones de segmentación de audiencia que TikTok ofrece para dirigir tus anuncios a usuarios específicos. Refina tus audiencias objetivas según la ubicación, demografía e intereses para aumentar la relevancia de tus anuncios y maximizar su impacto.

En resumen, la planificación de campañas publicitarias efectivas en TikTok es fundamental para impulsar tus productos o servicios y aumentar tus ganancias como emprendedor. Al seleccionar las opciones de publicidad correctas, realizar un seguimiento y medir los resultados, y optimizar continuamente tu estrategia, estarás en el camino correcto para el éxito en esta plataforma cada vez más influyente. ¡Adéntrate en el mundo de TikTok y haz que tu marca destaque entre millones de usuarios!

Capítulo 8: Estrategias de crecimiento orgánico

En el mundo de las redes sociales, el crecimiento orgánico es crucial para el éxito de cualquier emprendedor. TikTok se ha convertido rápidamente en una plataforma poderosa para aquellos que buscan expandir su alcance y aumentar sus ganancias. En este capítulo, aprenderás valiosas técnicas de interacción, colaboraciones y participación en desafíos virales, todo con el objetivo de hacer crecer tu cuenta de TikTok de manera orgánica.

La interacción con tu audiencia es fundamental para construir una base sólida de seguidores en TikTok. Comienza por crear contenido de calidad que sea relevante y atractivo para tu público objetivo. Publica regularmente y asegúrate de responder a los comentarios y mensajes directos que recibas. La interacción personalizada muestra a tus seguidores que te importan, lo cual fortalece su conexión contigo y aumenta las posibilidades de que compartan tu contenido.

Una excelente manera de alcanzar un crecimiento orgánico sustancial es a través de colaboraciones estratégicas. Busca usuarios de TikTok cuyo contenido se alinee con el tuyo y propón colaboraciones mutuamente beneficiosas. Esto puede incluir hacer duetos, participar en desafíos juntos o incluso crear contenido conjunto. Al colaborar con otros creadores, estarás expuesto a públicos nuevos y potenciales seguidores que podrían estar interesados en lo que tienes que ofrecer.

Otra técnica efectiva para el crecimiento orgánico en TikTok es participar en desafíos virales. Estos desafíos son tendencias populares en la plataforma que invitan a los usuarios a crear contenido en torno a un tema específico. Aprovecha estos desafíos para mostrar tu creatividad y ganar visibilidad. Asegúrate de utilizar los hashtags correspondientes y etiquetar a otros usuarios relevantes en tus publicaciones para maximizar la exposición.

Además, considera la posibilidad de interactuar con otros usuarios mediante la participación en los comentarios y la creación de contenido en respuesta a sus publicaciones. Esto no solo demuestra tu participación e interés genuino, sino que también aumenta la visibilidad de tu perfil. Compartir tus propias experiencias, consejos y opiniones puede generar conversaciones significativas y atraer la atención de nuevos seguidores.

Recuerda que el crecimiento orgánico en TikTok requiere paciencia y dedicación. No esperes resultados instantáneos, pero mantén una consistencia constante en tu contenido y en tus interacciones con la comunidad. Utiliza las herramientas analíticas que TikTok ofrece para evaluar qué funciona mejor para tu cuenta y ajusta tu estrategia en consecuencia.

En la segunda mitad de este capítulo, ahondaremos en técnicas adicionales y prácticas de crecimiento orgánico que te ayudarán a convertir tu cuenta de TikTok en una máquina de hacer dinero. Continuarás descubriendo métodos de maximización de contenido y colaboraciones estratégicas que te permitirán expandir aún más tu presencia en la plataforma.

Recuerda, el crecimiento orgánico en TikTok es un proceso en constante evolución. No te pierdas la segunda parte de este capítulo, donde exploraremos nuevas estrategias y oportunidades para aumentar tus ganancias en esta emocionante plataforma. Mantente atento y prepárate para dar el siguiente paso hacia el éxito en TikTok.

En esta segunda mitad de capítulo, profundizaremos en técnicas adicionales y prácticas de crecimiento orgánico que te ayudarán a convertir tu cuenta de TikTok en una máquina de hacer dinero. A medida que te sumerjas en el mundo de TikTok, es importante adaptarte y aprender de las tendencias en constante cambio en la plataforma.

Una de las formas más efectivas de maximizar el alcance de tu contenido y aumentar tus seguidores es utilizando hashtags relevantes y populares. Los hashtags son palabras clave o frases que ayudan a categorizar y organizar el contenido en TikTok. Al utilizar hashtags específicos en tus publicaciones, aumentarás las posibilidades de que tu contenido sea descubierto por nuevos usuarios interesados en ese tema en particular.

Investiga y mantente actualizado sobre los hashtags que están en tendencia en TikTok. Puedes hacer esto explorando la sección "Descubrir" de la aplicación o siguiendo cuentas populares y atentas a las últimas tendencias. Utiliza estos hashtags en tus publicaciones de manera estratégica para aumentar la visibilidad de tu contenido y atraer a un público más amplio.

Además de los hashtags, también puedes utilizar música popular en tus videos para atraer a un público más amplio. TikTok ofrece una amplia biblioteca de música de diferentes géneros y estilos. Utiliza canciones que sean relevantes para tu contenido y que estén de moda en la plataforma. La música puede ser una herramienta poderosa para captar la atención de los usuarios y hacer que se interesen por tu contenido.

Otro aspecto importante del crecimiento orgánico en TikTok es la colaboración con otros creadores de contenido. Busca colaboraciones estratégicas que te permitan llegar a nuevas audiencias y aumentar tu visibilidad en la plataforma. Puedes hacer duetos con otros usuarios populares, participar en desafíos conjuntos o incluso crear contenido en colaboración. Al trabajar con otros creadores, podrás aprovechar su base de seguidores y ampliar tu alcance.

Recuerda que la calidad del contenido es fundamental para el crecimiento orgánico en TikTok. Puedes experimentar con diferentes estilos de videos, formatos creativos y temas relevantes para tu audiencia objetivo. Mantén tus publicaciones frescas e interesantes para mantener el interés de tus seguidores y atraer a nuevos usuarios.

Además, no te olvides de la importancia de la consistencia en tus publicaciones. Establece un horario regular para compartir contenido en TikTok y mantente fiel a él. La consistencia en la publicación de contenido te ayudará a construir una base sólida de seguidores y a mantener su compromiso con tu cuenta.

No subestimes el poder de la interacción con tus seguidores. Responde a los comentarios y mensajes directos que recibas y muestra interés genuino en tu audiencia. Esto fortalecerá tu conexión con tus seguidores y te ayudará a construir una comunidad leal en TikTok.

Finalmente, aprovecha las herramientas analíticas que TikTok ofrece para evaluar el rendimiento de tu contenido. Analiza qué tipo de publicaciones generan más interacciones y seguidores, y ajusta tu estrategia en consecuencia.

Recuerda, el crecimiento orgánico en TikTok requiere tiempo y esfuerzo, pero con una estrategia sólida y consistente, puedes convertir tu cuenta en una máquina de hacer dinero. Sigue aprendiendo, explorando nuevas técnicas y mantente al día con las tendencias en la plataforma. ¡No hay límites para tu éxito en TikTok como emprendedor!

Capítulo 9: Optimización de tu perfil y bio en TikTok

Descubre cómo optimizar tu perfil y tu biografía en TikTok para captar la atención de tu audiencia y generar confianza en tus seguidores.

En el mundo de TikTok, tu perfil y tu biografía son la carta de presentación que mostrarás a tu audiencia. Estos espacios te brindan la oportunidad de transmitir tu personalidad, valores y propósito en cada uno de tus videos. Una optimización adecuada de tu perfil y bio no solo te ayudará a captar la atención de tu audiencia, sino que también te permitirá generar confianza en tus seguidores.

Para comenzar, debes asegurarte de elegir un nombre de usuario que sea relevante y fácil de recordar. Evita nombres complicados o que no estén relacionados con tu contenido, ya que esto dificultará que los usuarios te encuentren. Además, considera la posibilidad de agregar palabras clave relacionadas con tu nicho para que puedas ser encontrado por aquellos interesados en tu tipo de contenido.

Una vez que hayas seleccionado un nombre de usuario adecuado, es importante que configures tu foto de perfil. Elige una imagen que refleje tu marca personal o el enfoque de tu contenido. Puede ser tu propia foto o un logotipo representativo. Recuerda, debes transmitir confianza y generar interés desde el primer vistazo.

Ahora, pasemos a la parte más importante de tu perfil: tu biografía. Aquí es donde tienes la oportunidad de describir tu contenido de manera concisa pero convincente. Debes captar la atención del espectador y hacer que se interese por lo que tienes para ofrecer.

Para lograrlo, comienza con una introducción corta pero impactante. Cuéntales a tus seguidores potenciales quién eres y qué tipo de contenido pueden esperar de ti. Utiliza un lenguaje claro y directo para que los usuarios comprendan rápidamente tus objetivos y propósito en TikTok.

A continuación, destaca tus logros o características distintivas. Si has obtenido reconocimientos, menciónalos aquí. Si tienes alguna habilidad o conocimiento especial, resáltalo para que los usuarios comprendan lo que te hace único y valioso. Recuerda, en TikTok es importante destacarse entre la multitud, y esta sección de tu biografía puede ayudarte a lograrlo.

No olvides incluir enlaces a tus otras plataformas o páginas relacionadas, como tu sitio web o perfiles en redes sociales. Esto facilitará que tus seguidores te encuentren en diferentes plataformas y te permitirá generar una audiencia más sólida en general.

Además de optimizar tu perfil y bio, considera la posibilidad de utilizar hashtags relevantes en tus videos. Esto mejorará la visibilidad de tu contenido y aumentará tus posibilidades de llegar a un público más amplio. Investiga los hashtags populares dentro de tu nicho y utilízalos de manera estratégica en tus publicaciones.

Recuerda, la optimización de tu perfil y bio en TikTok es esencial para captar la atención de tu audiencia y generar confianza en tus seguidores. Trabaja en cada detalle, desde tu nombre de usuario hasta tu biografía, para transmitir tu propósito y personalidad de manera efectiva.

Continúa leyendo en la segunda parte de este capítulo, donde exploraremos estrategias avanzadas para mejorar la optimización de tu perfil y bio en TikTok. Sorpréndete con consejos y técnicas que te ayudarán a destacarte aún más en esta plataforma tan popular. ¡No te lo pierdas y sigue leyendo! Una vez que hayas optimizado tu nombre de usuario, foto de perfil y biografía en TikTok, es hora de sumergirte en estrategias avanzadas que te ayudarán a destacarte aún más en esta plataforma y convertirla en una máquina de hacer dinero.

Una de las estrategias más efectivas para optimizar tu perfil y bio en TikTok es utilizar palabras clave relevantes en tu biografía. Estas palabras clave te ayudarán a ser encontrado por aquellos usuarios que buscan contenido similar al tuyo. Investiga cuáles son las palabras y frases más populares en tu nicho y asegúrate de incluirlas en tu biografía de manera orgánica y natural. Esto te ayudará a atraer a una audiencia más específica y comprometida con tu contenido.

Además de las palabras clave, otra estrategia avanzada para optimizar tu perfil en TikTok es utilizar emojis de manera estratégica. Los emojis son una excelente manera de agregar personalidad y expresividad a tu biografía. Utiliza emojis relacionados con tu contenido y que reflejen tus valores y estilo. Por ejemplo, si eres un creador de contenido de fitness, podrías usar emojis de pesas, corazones y hojas verdes para transmitir energía, pasión y un enfoque saludable.

Otra técnica efectiva para optimizar tu perfil y bio en TikTok es colaborar con otros creadores de contenido. Las colaboraciones te permiten ganar exposición ante una audiencia más amplia y generar confianza en tus seguidores. Busca a otros creadores de contenido que compartan valores y nichos similares al tuyo y proponles una colaboración. Esto no solo te ayudará a aumentar tus seguidores, sino que también te brindará la oportunidad de mostrar tu expertise y establecerte como un referente en tu industria.

Además de las colaboraciones, asegúrate de interactuar con tu comunidad de seguidores. La interacción personalizada con tus seguidores te permite generar confianza y lealtad en tu audiencia. Responde a los comentarios y mensajes de tus seguidores, agradece su apoyo y muestra interés genuino por su opinión. Esto te ayudará a construir relaciones sólidas y duraderas con tu comunidad, lo cual es fundamental para convertir TikTok en una máquina de hacer dinero.

Por último, no olvides aprovechar al máximo las herramientas y funcionalidades que ofrece TikTok para optimizar tu perfil y bio. Experimenta con las diferentes opciones de diseño para hacer tu perfil más atractivo visualmente. Utiliza los enlaces externos en tu bio para dirigir a tus seguidores a tu sitio web, tienda en línea u otras plataformas donde puedan encontrar más contenido o productos relacionados con tu nicho. Además, aprovecha las tendencias y los desafíos virales para generar contenido relevante y captar la atención de tu audiencia.

En resumen, la optimización de tu perfil y bio en TikTok es esencial para atraer la atención de tu audiencia y generar confianza en tus seguidores. Utiliza palabras clave relevantes, emojis estratégicos y colaboraciones con otros creadores de contenido para mejorar tu visibilidad. No olvides interactuar con tu comunidad de seguidores y aprovechar al máximo las herramientas y funcionalidades que ofrece la plataforma. ¡Sigue estos consejos y estarás en el camino correcto para convertir TikTok en una máquina de hacer dinero!

Continúa descubriendo más estrategias avanzadas y técnicas en el siguiente capítulo, donde exploraremos cómo monetizar tu contenido en TikTok y aprovechar al máximo las oportunidades de ingresos que ofrece la plataforma. ¡No te lo puedes perder!

Capítulo 10: Captación y retención de seguidores en TikTok

Aprende estrategias efectivas para atraer y mantener a tus seguidores en TikTok, convirtiéndolos en una comunidad leal y activa.

Tener seguidores fieles en TikTok puede ser la clave para convertir esta plataforma en una máquina de hacer dinero. A medida que tu base de seguidores crece y se mantiene comprometida, aumentan las oportunidades de monetizar tu contenido y generar ingresos significativos. En este capítulo, exploraremos estrategias efectivas para captar y retener seguidores en TikTok, construyendo una comunidad sólida y activa a tu alrededor.

Primero, es fundamental entender a tu audiencia objetivo y lo que buscan en TikTok. Los emprendedores exitosos en esta plataforma utilizan una variedad de enfoques para ganar seguidores y generar interacción. Pero antes de comenzar a promocionar tu contenido, debes investigar y conocer a fondo a tu público. Esto implica comprender sus intereses, necesidades y preferencias, identificando el tipo de contenido que les resulta más atractivo. Al hacerlo, podrás adaptar tu estrategia de captación de seguidores de manera más efectiva y lograr un mayor impacto.

Una vez que comprendas a tu audiencia, podrás comenzar a crear contenido atractivo y relevante. El contenido es el rey en TikTok, y la calidad es imprescindible para atraer y retener seguidores. Desarrolla un estilo único y auténtico que refleje tu personalidad y propósito. Experimenta con diferentes formatos, como bailes, challenges, tutoriales o historias, e incorpora elementos creativos que destaquen y generen interés. Recuerda, la clave está en destacarte del resto y ofrecer algo único y valioso a tus seguidores.

Además de un contenido atractivo, la consistencia es fundamental para retener seguidores en TikTok. Establece una frecuencia de publicación regular y mantén una presencia activa en la plataforma. Los algoritmos de TikTok favorecen a aquellos creadores que generan contenido de forma constante y mantienen a sus seguidores comprometidos. Programa tus publicaciones, interactúa con comentarios y participa en las tendencias actuales. La clave es mantener a tu audiencia interesada y comprometida con tu contenido.

Otra estrategia efectiva para captar y retener seguidores en TikTok es la colaboración con otros creadores. Busca asociarte con personas que tengan una audiencia similar y realiza videos conjuntos o menciones cruzadas. Esto te permitirá llegar a nuevos seguidores que podrían estar interesados en tu contenido. Además, la colaboración con otros creadores fortalece tu credibilidad y te posiciona como un experto en tu nicho.

La interacción con tus seguidores es igualmente importante para construir una comunidad leal en TikTok. Responde a los comentarios, dale me gusta a los videos de tus seguidores y realiza preguntas para fomentar la participación. La clave es establecer un vínculo genuino con tu comunidad y hacer que se sientan valorados y escuchados. Esta interacción activa también contribuirá a aumentar el alcance y visibilidad de tu contenido.

Recuerda que la captación y retención de seguidores en TikTok no ocurre de la noche a la mañana. Requiere tiempo, esfuerzo y paciencia para construir una comunidad sólida y activa. Pero con las estrategias adecuadas y un enfoque constante, puedes convertir TikTok en una poderosa herramienta para generar ingresos. En la segunda mitad de este capítulo, exploraremos otras estrategias avanzadas para maximizar tu alcance y monetizar tu contenido en TikTok. ¡No te lo pierdas! En la segunda mitad de este capítulo, continuaremos explorando estrategias avanzadas para captar y retener seguidores en TikTok, así como para maximizar tu alcance y monetizar tu contenido. A medida que te sumerjas en estas estrategias, recuerda que la consistencia y la autenticidad siguen siendo clave para construir una comunidad leal y activa.

Una estrategia efectiva para captar seguidores y mantener su interés es aprovechar las tendencias y desafíos virales de TikTok. Estar al tanto de lo que está sucediendo en la plataforma y participar en los desafíos populares te ayudará a aumentar tu visibilidad y atraer a nuevos seguidores. Además, podrás demostrar tu versatilidad y creatividad al interpretar los desafíos de una manera única y original. No tengas miedo de experimentar y agregar tu propio toque personal a los desafíos, esto te ayudará a destacarte y a llamar la atención de más usuarios.

Además de los desafíos virales, otra estrategia efectiva es colaborar con influencers relevantes y populares en TikTok. Establecer asociaciones con personas que tienen una audiencia similar a la tuya te permitirá llegar a un público más amplio y diverso. Puedes realizar videos conjuntos, menciones cruzadas o incluso promociones mutuas para atraer nuevos seguidores y fortalecer tu presencia en la plataforma. Recuerda elegir a los influencers con los que colaboras cuidadosamente, asegurándote de que se alineen con los valores y objetivos de tu marca.

Además de las colaboraciones con influencers, el uso de hashtags estratégicos también puede ayudar a aumentar tu alcance en TikTok. Investiga cuáles son los hashtags más populares y relevantes en tu nicho o industria, y úsalos en tus videos para que sean más fáciles de encontrar por los usuarios interesados en ese tema. Cuando aprovechas los hashtags de manera efectiva, puedes aumentar la visibilidad de tu contenido y atraer a seguidores que están buscando activamente contenido relacionado con tus intereses.

Otra estrategia importante para retener seguidores en TikTok es mantener un diálogo constante con ellos. Fomenta la participación y la interacción a través de comentarios, preguntas y respuestas, y desafíos para mantener a tu audiencia comprometida y activa. Muestra interés genuino por lo que tus seguidores tienen que decir y responde de manera diligente. Esto no solo ayudará a fortalecer la relación con tu comunidad, sino que también aumentará las posibilidades de que compartan tu contenido y lo recomienden a otras personas.

Además de interactuar con tus seguidores, también es importante aprovechar otras plataformas de redes sociales para promocionar tu contenido en TikTok. Comparte tus videos en otras redes como Instagram, Twitter o YouTube para llegar a una audiencia más amplia. Puedes incluir enlaces o menciones a tu perfil de TikTok en tus publicaciones de otras redes sociales, lo que facilitará a tus seguidores encontrar y seguir tus videos en TikTok. Aprovecha todas las herramientas disponibles para aumentar tu visibilidad y expandir tu base de seguidores.

Por último, una estrategia clave para monetizar tu contenido en TikTok es aprovechar las oportunidades de patrocinios y promociones de marca. A medida que tu perfil crezca y adquieras influencia en la plataforma, es probable que las marcas quieran asociarse contigo para promocionar sus productos o servicios. Establece relaciones sólidas con marcas relevantes y asegúrate de que las promociones que realices estén alineadas con los intereses de tu audiencia. Recuerda que la autenticidad es clave, por lo que solo promociona aquellos productos o servicios que realmente respaldes y que consideres valiosos para tus seguidores.

En resumen, en esta segunda mitad del capítulo de captación y retención de seguidores en TikTok, hemos explorado estrategias avanzadas para impulsar tu presencia en la plataforma y monetizar tu contenido. Aprovecha las tendencias, colabora con influencers relevantes, utiliza hashtags estratégicos, interactúa con tu audiencia y explora oportunidades de patrocinios y promociones de marca. Recuerda que el camino hacia el éxito en TikTok requiere esfuerzo, paciencia y dedicación, pero con las estrategias adecuadas y un enfoque constante, puedes convertir esta plataforma en una máquina de hacer dinero. ¡Sigue adelante y haz realidad tus metas en TikTok!

Capítulo 11: Análisis de métricas y estadísticas en TikTok

Descubre cómo interpretar y utilizar las métricas y estadísticas de TikTok para tomar decisiones informadas y mejorar tu estrategia de contenido.

En el apasionante mundo de TikTok, donde los emprendedores encuentran una plataforma única para promocionar y monetizar sus productos o servicios, entender las métricas y estadísticas se convierte en una poderosa herramienta para alcanzar el éxito. La capacidad de interpretar y utilizar estos datos te permitirá tomar decisiones informadas y mejorar tu estrategia de contenido, impulsando así tus resultados y aumentando tus ingresos.

Las métricas y estadísticas en TikTok proporcionan información valiosa sobre el rendimiento de tu cuenta, el alcance de tus publicaciones y la recepción de tu contenido por parte de los usuarios. Al comprender estas métricas y analizar las estadísticas relevantes, podrás ajustar tus estrategias para maximizar tu visibilidad y aumentar tu participación en la plataforma.

Una de las métricas más importantes en TikTok es el número de seguidores. Este indicador te brinda información sobre la audiencia que has logrado construir y el nivel de interés que generas. Un mayor número de seguidores no solo aumenta la visibilidad de tus publicaciones, sino que también puede atraer oportunidades de colaboración y patrocinio.

Otra métrica clave es el alcance de tus publicaciones, que se refiere al número de personas que han visto tus videos. El alcance te da una idea del impacto que estás teniendo en la comunidad de TikTok y te permite evaluar qué contenido resuena mejor entre los usuarios. Un mayor alcance indica que estás captando la atención de un público más amplio, lo que puede resultar en un aumento de seguidores y compromiso.

Además del alcance, la métrica de interacción es fundamental para medir el nivel de participación de los usuarios con tu contenido. Los me gusta, los comentarios y las veces que tus videos se comparten son indicadores de cómo tus publicaciones están resonando con tu audiencia. Cuanto mayor sea el nivel de interacción, mayor será la oportunidad de atraer a nuevos seguidores y expandir tu alcance en la plataforma.

Para utilizar eficazmente estas métricas, es fundamental analizar las estadísticas disponibles en la aplicación. TikTok ofrece información detallada sobre el rendimiento de tus publicaciones, como el tiempo de visualización promedio, la cantidad de vistas y el porcentaje de retención de audiencia. Estas estadísticas te ayudarán a identificar qué tipos de contenido son más efectivos y qué aspectos de tus videos generan mayor interés y compromiso.

Al interpretar las métricas y estadísticas de TikTok, es crucial tener en cuenta el contexto. No te enfoques únicamente en los números, sino también en la calidad de la interacción y la respuesta de tu audiencia. Por ejemplo, un video con menos visualizaciones pero una alta tasa de interacción puede indicar que estás llegando a un público altamente comprometido, lo cual es igualmente valioso.

En resumen, comprender y utilizar las métricas y estadísticas en TikTok te ofrece una visión profunda de tu desempeño en la plataforma. Al tener en cuenta el número de seguidores, el alcance, la interacción y analizar las estadísticas relevantes, podrás tomar decisiones informadas para mejorar tu estrategia de contenido. Prepárate para la segunda mitad de este capítulo, donde exploraremos estrategias avanzadas de análisis de datos que te ayudarán a impulsar aún más tu éxito en TikTok. ¡No te lo pierdas! Para aprovechar al máximo TikTok como una máquina de hacer dinero, es crucial utilizar estrategias avanzadas de análisis de datos. En la segunda mitad de este capítulo, exploraremos algunas de estas estrategias que te ayudarán a impulsar aún más tu éxito en la plataforma y maximizar tus ingresos.

Una de las primeras estrategias que debes considerar es el análisis de la tasa de retención de audiencia. Esta métrica te proporcionará información valiosa sobre cuánto tiempo tus seguidores están viendo tus videos. Una alta tasa de retención de audiencia indica que tu contenido es atractivo y retiene la atención de los usuarios. Por otro lado, una baja tasa de retención puede sugerir que tus videos necesitan mejorar para mantener a los espectadores interesados. Al comprender esta métrica, podrás ajustar tu estrategia de contenido para captar y mantener la atención de tu audiencia, aumentando así tus posibilidades de monetización.

Otra estrategia fundamental es analizar las estadísticas de tiempo de visualización promedio. Esta métrica te ayudará a identificar qué tipo de contenido funciona mejor en términos de captar la atención de los usuarios durante más tiempo. Si tus videos tienen un alto tiempo de visualización promedio, esto indica que estás generando un interés genuino en tu audiencia y que tu contenido es lo suficientemente atractivo como para ser visto hasta el final. Prestar atención a esta métrica te permitirá crear videos más efectivos y atractivos, lo que a su vez aumentará tus posibilidades de monetización.

Además, es esencial analizar las estadísticas de vistas para comprender el desempeño de tus publicaciones. Las vistas te indicarán cuántas veces se ha reproducido tu contenido en la plataforma. Al comparar las vistas de diferentes videos, podrás identificar qué contenido resuena mejor entre los usuarios y ajustar tu estrategia en consecuencia. También es útil analizar las vistas en función del tiempo de publicación, ya que esto te dará una idea de cuándo es el mejor momento para compartir tu contenido y obtener la mayor visibilidad posible.

Asimismo, es fundamental prestar atención a la métrica de compartir. Esta estadística te indicará cuántas veces tus videos han sido compartidos por los usuarios. Un alto número de veces compartido muestra que tu contenido es lo suficientemente interesante para que los espectadores quieran compartirlo con sus propias redes, lo que puede generar una mayor visibilidad y así aumentar tus oportunidades de monetización. Analizar esta métrica te permitirá identificar qué aspectos de tu contenido son más compartibles y enfocar tus esfuerzos en la creación de videos que los usuarios quieran compartir ampliamente.

Por último, es importante destacar la importancia de evaluar el engagement, es decir, la interacción de los usuarios con tu contenido. Esta métrica incluye el número de me gusta, comentarios y veces que tus videos han sido compartidos. Cuanto mayor sea el nivel de engagement, mayor será la oportunidad de atraer a nuevos seguidores y expandir tu alcance en la plataforma. Analizar el engagement te ayudará a identificar qué tipo de contenido resuena mejor entre tu audiencia y te permitirá ajustar tu estrategia en consecuencia.

En resumen, el análisis de métricas y estadísticas en TikTok es fundamental para tomar decisiones informadas y mejorar tu estrategia de contenido. Tomando en cuenta métricas como la tasa de retención de audiencia, el tiempo de visualización promedio, las vistas, las veces compartido y el engagement, podrás ajustar tu enfoque y crear contenido más efectivo y atractivo, aumentando así tus posibilidades de monetización en la plataforma. ¡No subestimes el poder de los datos y prepárate para llevar tu éxito en TikTok al siguiente nivel!

Capítulo 12: Colaboraciones exitosas en TikTok

Aprende a colaborar con otros creadores de contenido en TikTok para impulsar tu visibilidad y atraer seguidores comprometidos con tu marca.

TikTok se ha convertido en una plataforma poderosa para la creación de contenido y la construcción de influencers. Al colaborar con otros creadores de contenido en TikTok, puedes aumentar tu visibilidad y atraer seguidores comprometidos con tu marca. En este capítulo, exploraremos cómo puedes llevar a cabo colaboraciones exitosas en TikTok y aprovechar al máximo esta oportunidad.

Uno de los primeros pasos para encontrar colaboradores en TikTok es identificar a aquellos creadores de contenido que compartan intereses y valores similares a los tuyos. Esto te ayudará a establecer una conexión auténtica con ellos y a crear contenido relevante para tu audiencia objetivo. Puedes comenzar explorando hashtags relacionados con tu industria y buscar creadores de contenido con quienes puedas colaborar.

Una vez que hayas identificado a posibles colaboradores, es importante establecer una comunicación clara y efectiva. Ponte en contacto con ellos a través de mensajes directos en TikTok o utilizando otras plataformas de mensajería como el correo electrónico o las redes sociales. Presenta tu propuesta de colaboración de manera clara y concisa, explicando cómo pueden beneficiarse al trabajar juntos y cómo encaja esto en su estilo y contenido.

Cuando estés en la etapa inicial de establecer la colaboración, es crucial discutir todos los detalles y expectativas con tu colaborador potencial. Define el objetivo de la colaboración, los temas que abordarán en sus videos y cómo trabajarán juntos para crear contenido atractivo. Es esencial asegurarse de que ambos estén alineados y comprometidos con el éxito de la colaboración.

Una vez que hayas acordado los términos de la colaboración, es hora de comenzar a planificar y crear contenido. Haz una lluvia de ideas sobre ideas y conceptos para tus videos colaborativos. Asegúrate de que el contenido sea relevante y atractivo para tu audiencia. Puedes considerar desafíos, duetos o incluso crear una serie de videos temáticos en conjunto.

Durante el proceso de grabación, mantén una comunicación constante con tu colaborador. Asegúrate de coordinar los detalles logísticos, como el tiempo de publicación y el etiquetado mutuo. También es importante que ambos se apoyen mutuamente compartiendo los videos colaborativos en sus propias cuentas y promocionándolos entre su audiencia.

Cuando finalmente hayas publicado el contenido colaborativo, monitorea las respuestas y comentarios de la audiencia. Interactúa con ellos y demuestra tu agradecimiento a través de likes, comentarios y compartiendo sus contenidos en tu propio perfil. Esto ayudará a fortalecer la relación con tu audiencia y crear una comunidad comprometida en torno a tu marca.

Recuerda que el poder de las colaboraciones en TikTok radica en la sinergia que se crea al trabajar junto con otros creadores de contenido. Aprovecha esta oportunidad para expandir tu alcance y atraer seguidores comprometidos con tu marca. No olvides que la clave del éxito en una colaboración exitosa en TikTok radica en trabajar juntos de manera auténtica y genuina.

Una vez que hayas publicado el contenido colaborativo en TikTok, es importante evaluar y medir los resultados de tu colaboración. Esto te ayudará a identificar qué funcionó bien y qué aspectos podrías mejorar en futuras colaboraciones.

Presta atención a las métricas relevantes, como el número de visualizaciones, comentarios, compartidos y seguidores ganados. Analiza cómo estos indicadores se comparan con tus metas iniciales y evalúa si la colaboración ha sido exitosa en términos de atraer seguidores comprometidos con tu marca.

Además de las métricas cuantitativas, también es importante tener en cuenta la calidad de la interacción y el compromiso de los seguidores. Observa si hubo una mayor participación y comentarios relevantes que demuestren la conexión y la resonancia con tu contenido. Estos indicadores cualitativos te darán una idea más completa de cómo tu colaboración ha influido en el crecimiento de tu marca en TikTok.

Una vez que hayas evaluado los resultados de tu colaboración, es el momento de agradecer y reconocer a tu colaborador. Muestra tu gratitud en los comentarios y comparte el contenido colaborativo en tu perfil, brindando crédito a tu colaborador. Esto demuestra tu aprecio por su participación y ayuda a fortalecer la relación entre ustedes.

Si la colaboración fue exitosa y obtuviste buenos resultados, considera la posibilidad de continuar trabajando con ese colaborador en futuros proyectos. Aprovecha la oportunidad para establecer una relación a largo plazo y crear una serie de videos temáticos que permitan a ambos creadores de contenido seguir colaborando y atrayendo seguidores comprometidos con sus respectivas marcas.

No te olvides de seguir construyendo tu red de colaboradores en TikTok. Continúa explorando hashtags relacionados con tu industria y busca creadores de contenido con los que puedas establecer nuevas colaboraciones. Mantén una actitud abierta y flexible, considerando diferentes enfoques y posibilidades para expandir tu alcance en la plataforma.

Recuerda que, al colaborar con otros creadores de contenido en TikTok, estás aprovechando el poder de la sinergia. Juntos, puedes alcanzar a audiencias más amplias y atraer seguidores comprometidos con tu marca. Mantén siempre una actitud auténtica y genuina en tus colaboraciones, ya que esto ayudará a construir una relación sólida con tu audiencia y a fortalecer la confianza en tu marca.

En resumen, las colaboraciones exitosas en TikTok son una estrategia efectiva para impulsar la visibilidad de tu marca y atraer seguidores comprometidos. Identifica a colaboradores potenciales, establece una comunicación clara y efectiva, planifica y crea contenido relevante, y mide los resultados de tu colaboración. Agradece y reconoce a tus colaboradores, y considera la posibilidad de continuar trabajando juntos en futuros proyectos. Recuerda siempre trabajar de manera auténtica y genuina para construir una relación sólida con tu audiencia.

¡Ahora es tu turno de convertir TikTok en una máquina de hacer dinero a través de colaboraciones exitosas! Sigue estos consejos y aprovecha al máximo esta poderosa plataforma de creación de contenido. Continúa explorando y experimentando, adaptándote a las necesidades y preferencias de tu audiencia. ¡Buena suerte en tu viaje empresarial en TikTok!

Capítulo 13: Transformando seguidores en clientes en TikTok

Descubre estrategias efectivas para convertir tus seguidores en TikTok en clientes reales, maximizando así tus oportunidades de negocio.

En el fascinante mundo de TikTok, los emprendedores tienen una oportunidad única para convertir a sus seguidores en clientes reales. Con millones de usuarios activos y un alcance global, esta plataforma se ha convertido en una máquina de hacer dinero para aquellos que comprenden cómo aprovechar su potencial.

La clave para transformar tus seguidores en clientes está en la creación de contenido relevante y atractivo. Es fundamental entender que, aunque los seguidores en TikTok pueden ser fans leales, no todos ellos están listos para convertirse en clientes de manera inmediata. Por ello, es necesario establecer una relación sólida y ganarse su confianza a través de un contenido valioso y entretenido.

El primer paso para lograr esta transformación es conocer a tu audiencia. Antes de crear cualquier tipo de contenido, es crucial investigar y comprender quiénes son tus seguidores y qué les interesa. Realiza encuestas, interactúa con ellos y presta atención a los comentarios que recibes. Esta información te permitirá personalizar tus estrategias y ofrecer contenido que conecte con sus necesidades y deseos.

Una vez que hayas identificado a tu audiencia, es momento de desarrollar una estrategia de contenido sólida. Asegúrate de que tus publicaciones sean auténticas y reflejen tu marca personal o empresarial. Utiliza un lenguaje claro y conciso, y asegúrate de transmitir tus mensajes de manera efectiva. Recuerda que en TikTok, el tiempo es limitado, por lo que deberás captar la atención de tu audiencia en los primeros segundos.

Además de la creatividad, es importante tener en cuenta que la consistencia también juega un papel clave en la transformación de seguidores en clientes. Publica de manera regular y establece un horario que tus seguidores puedan anticipar. Esto generará expectativa y lealtad hacia tu marca, incrementando las posibilidades de que se conviertan en clientes a largo plazo.

Otra estrategia efectiva para convertir seguidores en clientes en TikTok es el uso de llamadas a la acción claras y persuasivas. En tus videos, invita a tus seguidores a visitar tu página web, registrarse en tu lista de correos electrónicos o realizar una compra. Asegúrate de que estas llamadas a la acción sean visibles y fáciles de seguir. No tengas miedo de ofrecer descuentos exclusivos o promociones especiales para motivar a tus seguidores a tomar acción.

Además, el poder de la colaboración no se puede subestimar. Busca influencers o creadores de contenido relevantes en tu industria y trabaja en conjunto para aumentar tu audiencia y atraer a nuevos clientes potenciales. Una colaboración estratégica puede ayudarte a llegar a un público más amplio y fortalecer tu reputación en TikTok.

Hasta aquí hemos explorado algunas estrategias para convertir tus seguidores en clientes en TikTok. Sin embargo, aún queda mucho por descubrir en la segunda parte de este capítulo. En la siguiente entrega, revelaremos técnicas adicionales y consejos prácticos que te permitirán maximizar tus oportunidades de negocio en esta plataforma tan prometedora. ¡No te lo pierdas!

En la segunda mitad de este capítulo, nos adentraremos en técnicas adicionales y consejos prácticos para convertir tus seguidores en clientes en TikTok y maximizar tus oportunidades de negocio en la plataforma.

Una estrategia muy efectiva para impulsar la conversión de seguidores en clientes en TikTok es utilizar el poder del storytelling. La gente conecta mucho más con historias emocionales y auténticas. Utiliza tus videos para contar historias que resuenen con tu audiencia y que transmitan los valores y beneficios de tu producto o servicio. Apela a las emociones y enfatiza cómo tu oferta puede resolver los problemas o satisfacer las necesidades de tus seguidores.

Además, no subestimes el impacto positivo que pueden tener los testimoniales de clientes satisfechos en la conversión de tus seguidores en clientes. Pide a tus clientes más fieles que compartan sus experiencias con tu marca en TikTok. Esto no solo te dará visibilidad y credibilidad, sino que también generará confianza en tu audiencia y los motivará a comprar o probar tu producto.

Otra estrategia clave es la interacción y el engagement con tus seguidores. No basta con solo crear contenido de calidad, sino que también debes participar activamente en la comunidad de TikTok. Responde a los comentarios de tus seguidores, dale "me gusta" y comparte sus publicaciones relevantes. Esto no solo ayudará a fortalecer la relación con tus seguidores, sino que también aumentará tu visibilidad y te permitirá llegar a nuevos clientes potenciales.

Además, no olvides la importancia de la optimización de tus publicaciones en TikTok. Utiliza hashtags relevantes y populares en tus videos para aumentar su visibilidad y llegar a una audiencia más amplia. Realiza investigaciones sobre las tendencias de hashtags en tu industria y úsalos estratégicamente en tu contenido. También puedes colaborar con otros creadores de contenido para aprovechar su base de seguidores y aumentar tu exposición.

Por último, no tengas miedo de experimentar con diferentes formatos de contenido en TikTok. Prueba hacer tutoriales, retos, preguntas y respuestas, o incluso videos en vivo. La variedad mantendrá a tu audiencia interesada y te permitirá mostrar diferentes aspectos de tu marca. Recuerda siempre escuchar el feedback de tus seguidores y adaptar tus estrategias según lo que funcione mejor para tu audiencia.

En resumen, convertir tus seguidores en clientes en TikTok no es un proceso instantáneo, pero con las estrategias adecuadas y un enfoque centrado en la calidad y el valor para tu audiencia, podrás maximizar tus oportunidades de negocio en esta plataforma. Utiliza contenido relevante y atractivo, interactúa con tus seguidores, utiliza llamadas a la acción claras y persuasivas y aprovecha el poder del storytelling y los testimoniales. Experimenta con diferentes formatos y optimiza tus publicaciones para aumentar tu visibilidad. ¡Sigue estos consejos y convierte TikTok en una verdadera máquina de hacer dinero para tu negocio!

Capítulo 14: Desarrollo de productos y servicios para TikTok

En la era de las redes sociales, TikTok se ha convertido en una plataforma poderosa y lucrativa para emprendedores. Con su popularidad en constante crecimiento y su capacidad para llegar a una audiencia masiva, existe un gran potencial para convertir esta aplicación en una máquina de hacer dinero. En este capítulo, aprenderemos cómo identificar oportunidades de negocio en TikTok y desarrollar productos y servicios que satisfagan las necesidades de tu audiencia.

Para comenzar, es esencial comprender la audiencia de TikTok. Con millones de usuarios activos diarios, esta plataforma atrae a una amplia variedad de personas de diferentes edades, intereses y antecedentes. Antes de adentrarnos en el desarrollo de productos y servicios, debemos investigar y analizar a nuestra audiencia objetivo para entender sus necesidades, deseos y comportamientos en TikTok.

El primer paso para identificar oportunidades de negocio en TikTok es buscar nichos o tendencias emergentes dentro de la plataforma. Examina qué tipo de contenido se comparte y vuelve viral con frecuencia. Observa los desafíos, bailes, videos humorísticos o cualquier otro formato que esté captando la atención de los usuarios.

Una vez que encuentres un nicho o tendencia interesante, debes realizar una investigación de mercado más profunda. Examina qué tipo de productos o servicios se están ofreciendo actualmente en relación con esa tendencia. Esto te ayudará a identificar oportunidades para ofrecer algo nuevo o mejorado.

La creatividad desempeña un papel crucial en el desarrollo de productos y servicios para TikTok. Piensa en formas innovadoras de satisfacer las necesidades de tu audiencia y destacarte de la competencia. Por ejemplo, si descubres que hay una demanda creciente de productos relacionados con la moda, considera ofrecer asesoramiento personalizado de estilo a través de videos cortos en TikTok.

Además, es importante adaptar tus productos y servicios al formato de TikTok. Ten en cuenta que la atención de los usuarios es limitada, por lo que debes captar su interés de manera rápida y efectiva. Utiliza videos creativos y atractivos para mostrar tus productos o explicar tus servicios de manera concisa. Recuerda que TikTok es una plataforma visual y dinámica, por lo que debes aprovechar al máximo su potencial.

Otro aspecto clave en el desarrollo de productos y servicios para TikTok es la interacción con los usuarios. Aprovecha el poder de los comentarios y las colaboraciones para construir una comunidad sólida a tu alrededor. Escucha los comentarios de tus seguidores, aprovecha sus ideas y hazlos sentir parte de tu marca. Esto no solo fortalecerá tu relación con la audiencia, sino que también te proporcionará información valiosa para mejorar y adaptar tus ofertas.

En resumen, el desarrollo de productos y servicios para TikTok requiere una comprensión profunda de la plataforma y de tus seguidores. Identificar oportunidades de negocio, adaptar tus ofertas al formato de TikTok y fomentar la interacción con la audiencia son pasos clave para convertir esta plataforma en una fuente sólida de ingresos. En la segunda parte de este capítulo, profundizaremos en estrategias de marketing específicas y estudiaremos casos de éxito para inspirarte aún más en tu camino hacia la rentabilidad en TikTok. ¡No te lo pierdas! TikTok ofrece numerosas oportunidades para que los emprendedores desarrollen productos y servicios que sean atractivos y rentables para su audiencia. En la segunda mitad de este capítulo, exploraremos estrategias de marketing específicas y estudiaremos casos de éxito que te inspirarán en tu camino hacia la rentabilidad en TikTok.

Una de las estrategias más efectivas para aprovechar el potencial de TikTok es colaborar con influencers de la plataforma. Estos individuos tienen una gran cantidad de seguidores y pueden ayudarte a promocionar tus productos o servicios de manera efectiva. Al asociarte con los influencers adecuados, podrás llegar a una audiencia más amplia y generar confianza en tu marca.

Para elegir a los influencers adecuados, es esencial que investigues a fondo y te asegures de que el contenido que promueven y su forma de comunicarse sean coherentes con los valores y la identidad de tu marca. Busca aquellos que tengan una base de seguidores sólida y activa, así como un alto grado de compromiso y autenticidad. Al colaborar con ellos, podrás aprovechar su influencia y hacer crecer tu negocio en TikTok.

Además de colaborar con influencers, es importante utilizar estrategias de marketing creativas y efectivas para captar la atención de la audiencia. La plataforma de TikTok es conocida por su formato de video corto y dinámico, por lo que debes asegurarte de que tus videos sean atractivos, entretenidos y memorables.

Una técnica popular en TikTok es la creación de desafíos o retos en los que los usuarios pueden participar. Estos desafíos pueden estar relacionados con tus productos o servicios y ayudar a promoverlos de manera divertida y viral. Por ejemplo, si tienes una línea de ropa, puedes crear un desafío de cambio de outfits en el que los usuarios muestren su estilo personal utilizando tus prendas. Esto no solo genera interés en tus productos, sino que también aumenta la visibilidad de tu marca entre la comunidad de TikTok.

Además de los desafíos, puedes utilizar otras estrategias de contenido creativas, como videos de unboxing, tutoriales e historias de clientes satisfechos. Estos tipos de contenido permiten a los usuarios conocer mejor tus productos y servicios, y crear una conexión emocional con tu marca.

Una vez que hayas implementado estas estrategias de marketing, es fundamental analizar y medir los resultados para obtener información valiosa sobre la efectividad de tus esfuerzos en TikTok. Utiliza las herramientas de análisis de la plataforma para conocer el rendimiento de tus videos, el alcance de tu audiencia y el nivel de interacción que generas. Esta información te ayudará a optimizar tu estrategia y adaptarla según sea necesario para obtener mejores resultados.

Además de estas estrategias generales, es importante destacar algunos casos de éxito en TikTok para inspirarte en el desarrollo de tus propios productos y servicios. Estudia cómo otras marcas creativas han logrado captar la atención de la audiencia y generar ventas a través de la plataforma. Planifica cuidadosamente tu estrategia de marketing basándote en lo que has aprendido de estos casos exitosos, adaptando las lecciones a tu propia marca y objetivos.

En resumen, el desarrollo de productos y servicios para TikTok requiere una combinación de estrategias efectivas de marketing, colaboraciones con influencers y un enfoque creativo para captar la atención de la audiencia. Utiliza las herramientas de análisis para medir tus resultados y ajustar tu estrategia según sea necesario. Aprende de los casos de éxito de otras marcas y crea tu propio camino hacia la rentabilidad en TikTok. ¡No te conformes con menos!

Capítulo 15: Superando desafíos y obstáculos en TikTok

Explora las dificultades comunes que enfrentan los emprendedores en TikTok y descubre cómo superarlos con determinación y estrategia.

TikTok ha revolucionado la forma en que los emprendedores pueden promocionar y hacer crecer sus negocios. Esta popular plataforma de redes sociales ofrece una gran oportunidad para llegar a una audiencia masiva y establecer una presencia en línea sólida. Sin embargo, no todo es color de rosa en el mundo de TikTok. Los emprendedores enfrentan diversos desafíos y obstáculos que pueden dificultar su éxito en esta plataforma. Afortunadamente, con determinación y una estrategia adecuada, es posible superar estos desafíos y aprovechar todo el potencial de TikTok.

Uno de los desafíos más comunes que enfrentan los emprendedores en TikTok es la falta de visibilidad. A diferencia de otras plataformas de redes sociales, donde es relativamente fácil ganar seguidores y obtener me gusta, en TikTok es necesario ser creativo y destacarse entre la multitud. La competencia es feroz y cada vez más emprendedores se unen a la plataforma en busca de oportunidades. Para superar este desafío, es fundamental encontrar una propuesta de valor única que atraiga la atención de los espectadores. Piensa en qué te diferencia de los demás y en cómo puedes transmitir eso en tus videos. La originalidad y la autenticidad son clave para captar la atención de la comunidad de TikTok.

Otro obstáculo común en TikTok es la generación de contenido de calidad de forma constante. Para mantener el interés de tus seguidores y atraer a nuevos espectadores, es importante publicar regularmente videos atractivos y relevantes. Sin embargo, esta tarea puede resultar abrumadora e incluso agotadora. La clave para superar este desafío es la planificación y la organización. Crea un calendario de publicaciones y establece metas realistas. Investiga sobre las tendencias actuales en TikTok y busca formas creativas de adaptarlas a tu nicho. Además, aprovecha las herramientas de edición y efectos especiales que ofrece la plataforma para darle un toque único a tus videos. Recuerda que la calidad siempre supera a la cantidad, así que enfócate en ofrecer contenido valioso y entretenido.

La interacción con la comunidad de TikTok también puede presentar dificultades para los emprendedores. Es esencial establecer una conexión genuina con tus seguidores y responder a sus comentarios y mensajes. Sin embargo, a medida que tu perfil crezca, recibirás cada vez más interacciones y mantenerse al día puede volverse abrumador. Para superar este desafío, reserva tiempo específico en tu día para interactuar con tus seguidores. Sé auténtico y muestra interés genuino por sus comentarios y preguntas. Además, aprovecha las funcionalidades de TikTok, como las transmisiones en vivo y las colaboraciones con otros creadores, para fomentar la participación y la interacción entre la comunidad.

En resumen, TikTok ofrece a los emprendedores una plataforma única para alcanzar el éxito en línea. Sin embargo, no está exenta de desafíos y obstáculos. La visibilidad, la generación constante de contenido de calidad y la interacción con la comunidad son solo algunos de ellos. Sin embargo, con determinación y una estrategia adecuada, es posible superar estos obstáculos y aprovechar al máximo el potencial de TikTok. En la segunda mitad de este capítulo, exploraremos estrategias específicas para enfrentar estos desafíos y lograr un crecimiento sólido en la plataforma. Prepárate para descubrir cómo transformar TikTok en una verdadera máquina de hacer dinero. ¡Continúa leyendo y descubre los secretos de los emprendedores exitosos en TikTok! La segunda mitad de este capítulo se centrará en estrategias específicas para superar los desafíos y obstáculos en TikTok y lograr un crecimiento sólido en la plataforma. A continuación, descubrirás más secretos de los emprendedores exitosos en TikTok y cómo pueden convertir esta plataforma en una verdadera máquina de hacer dinero.

Una de las estrategias clave para superar el desafío de la falta de visibilidad en TikTok es aprovechar al máximo las tendencias y los desafíos virales. TikTok es conocida por sus desafíos de baile, sincronización de labios y tendencias divertidas que se vuelven virales. Estos desafíos y tendencias pueden brindarte la oportunidad de alcanzar una mayor visibilidad y atraer a una audiencia más amplia. Mantente al tanto de las tendencias y desafíos más populares en la plataforma y encuentra formas creativas de participar en ellos. No tengas miedo de agregar tu propio toque personal y mostrar tu autenticidad en tus videos. Esto te ayudará a destacarte y captar la atención de los espectadores.

Otra estrategia para superar el desafío de generar contenido de calidad de forma constante es la colaboración con otros creadores de contenido en TikTok. Colaborar con otros emprendedores o influencers en la plataforma puede generar una mayor exposición y ayudarte a llegar a segmentos de audiencia nuevos y diferentes. Busca creadores de contenido que compartan intereses similares a los tuyos y propón colaboraciones creativas. Esto no solo te ayudará a generar nuevo contenido, sino que también te permitirá ampliar tu red de contactos en la plataforma.

La interacción con la comunidad de TikTok es fundamental para establecer una conexión genuina con tus seguidores. Sin embargo, a medida que tu perfil crezca, puede resultar abrumador responder a todos los comentarios y mensajes. Una estrategia efectiva es establecer un sistema de gestión de tiempo y priorizar las interacciones más relevantes. Enfócate en responder a los comentarios y preguntas que demuestren interés genuino en tu contenido y establece un límite de tiempo para las interacciones diarias. Además, aprovecha las funciones de TikTok como las transmisiones en vivo y las sesiones de preguntas y respuestas para interactuar con tus seguidores de manera más eficiente y efectiva.

Además de estas estrategias específicas, es fundamental tener en cuenta algunos aspectos generales para convertir TikTok en una máquina de hacer dinero. En primer lugar, asegúrate de que tu contenido esté alineado con tu marca personal o el nicho de tu negocio. Esto te permitirá atraer a una audiencia más relevante y aumentar tus posibilidades de generar ingresos a través de patrocinios, colaboraciones y promociones. Además, no te olvides de optimizar tu perfil de TikTok, utilizando palabras clave relevantes y hashtags populares para aumentar tu visibilidad en la plataforma.

En resumen, superar los desafíos y obstáculos en TikTok requiere determinación y estrategia. Aprovecha las tendencias y desafíos virales, colabora con otros creadores de contenido, gestiona eficientemente la interacción con tu comunidad y asegúrate de que tu contenido esté alineado con tu marca. Estas estrategias te ayudarán a convertir TikTok en una verdadera máquina de hacer dinero. Sigue explorando y descubriendo los secretos de los emprendedores exitosos en TikTok. ¡No pierdas la oportunidad de aprovechar al máximo el potencial de esta plataforma y alcanzar el éxito en línea!

Capítulo 16: Manteniendo el éxito a largo plazo en TikTok

Aprende a mantener el éxito de tu cuenta de TikTok a largo plazo mediante la adaptación a las tendencias y a las necesidades cambiantes de tu audiencia.

En el apasionante mundo de TikTok, donde la creatividad se encuentra con la tecnología, es fundamental no solo alcanzar el éxito, sino también mantenerlo a largo plazo. En este capítulo, exploraremos estrategias prácticas que te permitirán adaptarte a las tendencias en constante evolución y satisfacer las necesidades cambiantes de tu audiencia. Prepárate para descubrir cómo convertir TikTok en una máquina de hacer dinero de manera sostenible.

En primer lugar, para mantener el éxito en TikTok, debes estar siempre al tanto de las últimas tendencias. La plataforma está en constante cambio, con nuevas canciones, desafíos y formatos emergiendo constantemente. Es crucial estar informado y actualizado respecto a lo que está en boga para que puedas generar contenido relevante y atractivo para tu audiencia. Tómate el tiempo para investigar, explorar los hashtags populares y descubrir qué es lo que está capturando la atención de la comunidad en ese momento.

Sin embargo, no basta con simplemente seguir las tendencias. Para mantener el éxito a largo plazo en TikTok, debes ser capaz de adaptarte y ofrecer algo único que te distinga de los demás. A medida que la plataforma evoluciona, también lo hacen las preferencias de los usuarios. Por lo tanto, es fundamental innovar y experimentar con diferentes estilos de contenido para mantener a tu audiencia interesada y comprometida.

Además de la adaptación a las tendencias, otra clave para mantener el éxito en TikTok es comprender y satisfacer las necesidades cambiantes de tu audiencia. La plataforma es conocida por su diversidad, y tu contenido debe reflejar eso. Escucha a tu audiencia, observa los comentarios y analiza los datos para comprender qué tipo de contenido están buscando tus seguidores y qué les brinda valor. Puede ser necesario ajustar tu enfoque y adaptar tu estrategia para abordar sus necesidades de manera efectiva.

Recuerda, para mantener el éxito en TikTok a largo plazo, es esencial establecer una relación auténtica y genuina con tu audiencia. No se trata solo de generar contenido popular, sino de crear una comunidad solidaria en la que tus seguidores se sientan conectados contigo. Interactúa con ellos a través de comentarios, mensajes directos y colaboraciones. Muestra interés genuino en sus comentarios y opiniones, y demuestra que valoras su apoyo. La lealtad de tus seguidores es un factor clave para el éxito continuo en TikTok.

En conclusión, mantener el éxito a largo plazo en TikTok requiere adaptación constante y comprensión de tu audiencia. Sigue las tendencias, pero no te límites a imitar lo que otros están haciendo. Sé innovador y ofrece contenido único que te distinga. Comprende las necesidades cambiantes de tu audiencia y bríndales valor a través de tu contenido. Establece una relación auténtica y genuina con tus seguidores, y mantén el enfoque en construir una comunidad sólida. Con estas estrategias, estarás en el camino correcto para convertir TikTok en una máquina de hacer dinero a largo plazo.

Ahora que has aprendido a mantener el éxito de tu cuenta de TikTok mediante la adaptación a las tendencias y a las necesidades cambiantes de tu audiencia, es hora de explorar estrategias adicionales para maximizar tus ganancias en la plataforma.

Una forma efectiva de convertir TikTok en una máquina de hacer dinero a largo plazo es a través de colaboraciones y patrocinios. A medida que tu cuenta gana seguidores y se vuelve más influyente, es probable que marcas y empresas te busquen para promocionar sus productos o servicios. Asegúrate de asociarte con marcas que estén alineadas con los intereses y valores de tu audiencia. Esto garantizará que las colaboraciones sean auténticas y resuenen con tu comunidad.

Además, considera la posibilidad de crear tu propio negocio en la plataforma. Si tienes habilidades únicas o conocimientos especializados, puedes ofrecer servicios o productos que sean relevantes para tu audiencia. Por ejemplo, si tienes habilidades de maquillaje, puedes ofrecer tutoriales personalizados o incluso lanzar tu propia línea de productos.

Asimismo, no subestimes el poder del marketing de afiliados en TikTok. Al unirte a programas de afiliados, puedes promocionar productos de otras personas y ganar una comisión por cada compra realizada a través de tu enlace de afiliado. Asegúrate de seleccionar productos de calidad y que sean de interés para tu audiencia para maximizar tus ganancias potenciales.

Otra estrategia clave para convertir TikTok en una máquina de hacer dinero a largo plazo es diversificar tus fuentes de ingresos. No dependas únicamente de los ingresos generados por la plataforma misma. Explora la posibilidad de monetizar tu contenido a través de otras vías, como la creación y venta de productos digitales, la consultoría o la creación de contenido patrocinado en otras plataformas.

Además, considera la opción de ofrecer tu expertise a otros creadores de contenido. Puedes ofrecer servicios de edición de videos, estrategia de contenido o incluso colaboraciones conjuntas para ayudar a otros a alcanzar el éxito en TikTok. Esto te permitirá generar ingresos complementarios y establecer conexiones valiosas en la comunidad de emprendedores digitales.

Finalmente, recuerda que el éxito a largo plazo en TikTok requiere perseverancia y consistencia. No te desanimes si no ves resultados inmediatos. Sigue creando contenido de calidad, aprendiendo de los insights y comentarios de tu audiencia, y adaptándote constantemente a los cambios en la plataforma. Mantén el enfoque en construir una base sólida de seguidores comprometidos y auténticos, y los ingresos seguirán llegando con el tiempo.

En conclusión, para convertir TikTok en una máquina de hacer dinero a largo plazo, es esencial aprovechar estrategias adicionales como colaboraciones, marketing de afiliados y la diversificación de tus fuentes de ingresos. No te limites solo a los ingresos generados por la plataforma misma, sino que busca oportunidades para monetizar tu contenido de manera creativa. Mantén la perseverancia y la consistencia en tu enfoque, y estarás en el camino correcto para alcanzar el éxito sostenible en TikTok.

Recuerda, en este fascinante mundo donde la creatividad y la tecnología se combinan, la clave para convertir TikTok en una máquina de hacer dinero es estar siempre un paso adelante, adaptarse a las necesidades de tu audiencia y construir relaciones auténticas. ¡No hay límites para lo que puedes lograr en la plataforma! Sigue aprendiendo, creando y generando impacto en la comunidad de emprendedores digitales en TikTok.

Capítulo 17: Conclusiones y recomendaciones finales

Recapitulando los conceptos clave y ofreciendo recomendaciones finales para que los emprendedores conviertan TikTok en una máquina generadora de dinero duradera, es fundamental comprender los principios fundamentales que conducen al éxito en esta plataforma. A lo largo de este libro, hemos explorado diversas estrategias y tácticas utilizadas por emprendedores exitosos que han logrado monetizar su presencia en TikTok. Ahora, es momento de ahondar en las conclusiones y recomendaciones finales que te permitirán aprovechar al máximo esta plataforma.

En primer lugar, es crucial tener en cuenta que la calidad del contenido que compartes en TikTok es primordial. Para convertir TikTok en una máquina generadora de dinero, debes brindar a tu audiencia contenido valioso, entretenido e innovador. Haz que tu contenido se destaque, ofreciendo algo único y diferenciado de los demás creadores. Además, es esencial mantener un ritmo constante de publicaciones para mantener a tu audiencia comprometida y atraer a nuevos seguidores.

Otro aspecto fundamental para convertir TikTok en una fuente de ingresos sostenible es la colaboración con otras personas influyentes dentro de la plataforma. Establecer asociaciones estratégicas te permitirá llegar a un público más amplio y diverso, aumentando así tus oportunidades de generar ingresos. Busca a otros creadores de contenido con intereses similares y proponte colaboraciones que sean beneficiosas para ambas partes. Esta sinergia puede brindarte una mayor exposición y abrir nuevas puertas para monetizar tu presencia en TikTok.

También es importante comprender la importancia de la interacción con tu audiencia. Responder a los comentarios, preguntas y mensajes de tus seguidores demuestra que valoras su apoyo y atención. Esto no solo fomenta un vínculo más cercano entre tú y tus seguidores, sino que también puede generar un mayor compromiso con tu contenido, lo que en última instancia se traduce en mayores oportunidades de monetización.

Además de la interacción directa con tu audiencia, es esencial estar al tanto de las tendencias y desafíos virales en TikTok. Permanecer actualizado te permitirá crear contenido relevante y oportuno, lo que aumentará tus posibilidades de generar visibilidad y atraer nuevas oportunidades de ingresos. Mantén un ojo en los desafíos y tendencias populares, y pon un toque personal en tus interpretaciones para diferenciarte de los demás creadores.

No podemos olvidar la importancia de la monetización directa en TikTok. Aprovecha las herramientas y características que la plataforma ofrece para generar ingresos, como las donaciones y las colaboraciones pagadas. Si has logrado construir una audiencia comprometida y has establecido una presencia sólida, no dudes en explorar estas oportunidades. Sin embargo, recuerda siempre mantener la autenticidad y la integridad en tus acciones para no perder la confianza de tu audiencia.

En resumen, convertir TikTok en una máquina generadora de dinero duradera requiere un enfoque estratégico y constante. Proporcionar contenido valioso y diferenciado, colaborar con otros creadores, interactuar con tu audiencia, mantenerse actualizado con las tendencias y aprovechar las oportunidades de monetización directa son elementos clave para alcanzar el éxito en esta plataforma. Recuerda, estas son solo algunas de las conclusiones y recomendaciones finales que exploraremos en mayor detalle en la segunda parte de este capítulo. ¡Sigue leyendo para descubrir más estrategias y tácticas que te ayudarán a maximizar tu potencial en TikTok! En la segunda mitad de este capítulo, profundizaremos en más conclusiones y recomendaciones finales para ayudar a los emprendedores a convertir TikTok en una máquina generadora de dinero duradera. Continuemos explorando estas estrategias y tácticas clave para maximizar el potencial en esta plataforma.

Una recomendación importante es invertir tiempo y esfuerzo en el perfeccionamiento de tus habilidades de edición y producción de videos en TikTok. La competencia en esta plataforma es intensa y para destacarte, debes ofrecer contenido visualmente atractivo y bien editado. Dedica tiempo a aprender las técnicas de edición más populares y experimenta con diferentes estilos para encontrar el que mejor se adapte a tu marca y público objetivo.

Además, no te límites a un solo tipo de contenido. Es importante diversificar tus publicaciones para atraer a diferentes segmentos de audiencia. Prueba diferentes formatos de videos, como tutoriales, desafíos, videos divertidos o incluso historias personales. Al ofrecer una variedad de contenidos, podrás llegar a una audiencia más amplia y aumentar tus oportunidades de generar ingresos.

Una estrategia efectiva para monetizar tu presencia en TikTok es aprovechar las colaboraciones con marcas y empresas. Establece asociaciones estratégicas con marcas que compartan los valores y la visión de tu contenido. Al trabajar con marcas afines, puedes ofrecer contenido patrocinado que sea auténtico y relevante para tu audiencia. Asegúrate de que las colaboraciones sean transparentes y cumple con todas las regulaciones y políticas de la plataforma.

Además de las colaboraciones con marcas, considera la posibilidad de crear y vender tu propio producto o servicio a través de TikTok. Si ya has establecido una base sólida de seguidores comprometidos, es posible que estén dispuestos a adquirir productos o servicios que ofrezcas. Identifica las necesidades y deseos de tu audiencia y crea algo que sea realmente valioso para ellos. Puedes usar TikTok para promocionar y vender tu producto o servicio, aprovechando las herramientas de compra y publicidad disponibles en la plataforma.

La importancia de la colaboración y la interacción no puede ser subestimada en TikTok. No solo puedes colaborar con otros creadores de contenido, sino que también debes participar activamente en la comunidad de TikTok. Comenta y comparte los videos de otros creadores, muestra apoyo y reconoce el trabajo de tus colegas. Esto no solo te ayudará a establecer relaciones sólidas con otros creadores, sino que también aumentará tu visibilidad dentro de la plataforma.

Además, considera la posibilidad de utilizar hashtags y desafíos populares para aumentar la visibilidad de tu contenido. Participar en desafíos virales y utilizar hashtags relevantes te permitirá llegar a una audiencia más amplia y aumentar tus oportunidades de generar ingresos. Asegúrate de que tus interpretaciones de los desafíos y el uso de los hashtags sean auténticas y estén en línea con tu marca personal.

Por último, no subestimes el poder del análisis de datos en TikTok. Utiliza las herramientas de análisis disponibles para comprender mejor el rendimiento de tu contenido y las preferencias de tu audiencia. Examina las métricas clave, como el alcance, la tasa de participación y el tiempo de visualización, para identificar qué tipo de contenido resuena mejor con tu audiencia. A partir de estos análisis, podrás ajustar y mejorar tu estrategia para maximizar los resultados.

En conclusión, aprovechar al máximo TikTok como una máquina generadora de dinero requiere una estrategia sólida, creatividad y dedicación. Invierte en la calidad de tu contenido, diversifícalo, colabora con marcas y otros creadores, interactúa con tu audiencia, utiliza hashtags y desafíos populares, y aprovecha las herramientas de análisis para mejorar continuamente. Estas son algunas de las conclusiones y recomendaciones finales que te ayudarán a convertir TikTok en una fuente de ingresos sostenible. ¡Sigue explorando y experimentando para alcanzar el éxito en esta plataforma en constante evolución!

Descargo de Responsabilidad para eBook

IMPORTANTE: Por favor, lea este descargo de responsabilidad en su totalidad antes de usar este eBook.

Este eBook está destinado únicamente a fines informativos y educativos. El autor y el editor de este eBook y los materiales asociados han hecho todo lo posible para garantizar que la información proporcionada sea precisa y útil. Sin embargo, el contenido se proporciona "tal cual" sin garantía de resultados completos, precisión o la ausencia de errores.

Limitación de Responsabilidad

El autor y el editor de este eBook y los materiales relacionados no serán responsables por ningún daño directo, indirecto, incidental, consecuente o punitivo que surja del acceso, uso o imposibilidad de usar este eBook, o cualquier error u omisión en el contenido del mismo.

Este descargo de responsabilidad se aplica a cualquier daño o lesión causada por cualquier falla de rendimiento, error, omisión, interrupción, eliminación, defecto, retraso en la operación o transmisión, virus informático, falla de la línea de comunicación, robo o destrucción o acceso no autorizado, alteración o uso del registro, ya sea por incumplimiento de contrato, comportamiento tortuoso, negligencia o bajo cualquier otra causa de acción.

Derechos de Autor y Uso del Contenido

El contenido de este eBook es propiedad del autor y está protegido por las leyes de derechos de autor internacionales y nacionales. El autor concede a los compradores de este eBook una licencia no exclusiva para ver, copiar e imprimir el contenido del eBook para uso personal y no comercial solamente.

No está permitido reproducir, transmitir o distribuir cualquier parte de este eBook en cualquier forma o por cualquier medio, electrónico o mecánico, incluyendo fotocopiado, grabación o cualquier sistema de almacenamiento y recuperación de información, sin permiso por escrito del autor, excepto para el uso de citas breves en una reseña.

No es un Consejo Profesional

La información contenida en este eBook no pretende ser un consejo profesional. Los lectores deben buscar el asesoramiento de profesionales calificados antes de actuar con respecto a los temas mencionados aquí.

Modificaciones al eBook

El autor y el editor se reservan el derecho de modificar o retirar cualquier parte de este eBook o los materiales asociados a su discreción en cualquier momento sin previo aviso.

Consentimiento

Al usar este eBook, usted indica su aceptación de este descargo de responsabilidad. Si no está de acuerdo con este descargo de responsabilidad, por favor no utilice el eBook.

Don't miss out!

Visit the website below and you can sign up to receive emails whenever Gonzalo Estrada publishes a new book. There's no charge and no obligation.

https://books2read.com/r/B-A-OZBBB-NEFQC

BOOKS2READ

Connecting independent readers to independent writers.

Also by Gonzalo Estrada

Self Healing
Visualiza tu Éxito
Cultivando Líderes
Afirmaciones y Empoderamiento
Semillas de Cambio
Cómo convertir TikTok en una máquina de hacer dinero
Cómo hacer dinero con Pinterest
Cómo hacer un ensayo
Cómo Pedir un Aumento de Sueldo
Currículo Poderoso
Entrenamiento sin Violencia
Entrevista Laboral
Gana Dinero con X (Twitter)
Ganar Masa Muscular
Volver a Empezar; el arte de reinventarse
Analiza Resuelve Ejecuta
Aromatherapy, The natural path to your pet's well being
Holistic Feeding
The ABC of Educating Your Pet
The Art of Cosmic Connection
The Art of Feng Shui applied to your Pets
From Scarcity to Abundance
The English Bulldog in The Family
The French Bulldog
Therapeutic Massages for Pets

Pets and Crystal Therapy
The Maltese Bichon
Transform Your Problems into Opportunities
Esto ya Cambió

www.ingramcontent.com/pod-product-compliance
Lightning Source LLC
Chambersburg PA
CBHW021124130726
47988CB00003B/1160